KB192495

논·술·세·계·대·표·문·학

33

몽테크리스토 백작

알렉상드르 뒤마 | 김회선 엮음

훈민출판사

프랑스의 베르사유 궁전

The Best World Literature

뒤마의 캐리커처

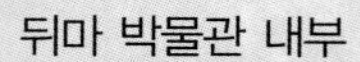

뒤마 박물관 내부

몽테크리스토 관의 전경

결혼식을 올리는 한 쌍의 신랑 신부 – 〈몽테크리스토 백작〉에서 주인공 에드몽 당테스는 결혼식 도중 잡혀간다.

뒤마의 생가

당시 제작된 〈몽테크리스토 백작〉의 포스터

〈몽테크리스토 배작〉의 배경
된 작은 섬의 감옥 – 현재 그
로 남아 있다.

The Best World Literature

파리의 교외

〈삼총사〉 – 뒤마의 또 다른 작품으로, 영화로 만들어졌

기획·감수

구인환(丘仁煥)

서울대학교 사범대학 졸업. 동 대학원 졸업(문학박사)
서울대학교 명예교수, 소설가(현). 서울대학교 사범대학 국어교육연구소 소장(현)
문학과문학교육연구소 소장(현). 국제펜 한국본부 부회장(현)
한국소설문학상(1987). 예술문화대상(1994). 한국문학상(2000)
작품 〈숨쉬는 영정〉, 〈살아 있는 날들〉, 〈일어서는 산〉 외 다수

• **저서** 《한국단편소설의 이해》, 《한국현대소설의 비평적 성찰》, 《고교생이 알아야 할 소설》, 《고교생이 알아야 할 세계단편소설》 외 다수

윤병로(尹柄魯)

성균관대학교 국어국문학과 졸업. 동 대학원 졸업(문학박사)
성균관대학교 교수, 문학평론가(현). 한국현대소설학회장(현)
한국문예학술저작권협회 이사(현). 한국간행물윤리위원회 위원(현)
한국펜 문학상(1987). 한국문학상(1988). 대한민국문학상(1989)
수필집 《나의 작은 애인들》 외 다수

• **저서** 《현대 작가론》, 《한국 현대 소설의 탐구》, 《한국 근대 작가 작품 연구》, 《한국 현대 작가의 문제작 평설》 외 다수

홍성암(洪性岩)

고려대학교 국어국문학과 졸업. 한양대학교 대학원 국어국문학과 졸업(문학박사)
동덕여자대학교 교수, 소설가(현). 한국문인협회 회원(현)
한국소설가협회 이사(현). 국제펜 한국본부 소설분과 이사(현). 한민족 문화학회 회장(현)
창작집 《큰 물로 가는 큰 고기》, 《어떤 귀향》 외
대하역사소설 《남한산성》 (전9권) 외 다수

• **저서** 《문학의 이해》, 《현대 작가론》, 《한국 근대 역사소설 연구》 외 다수

파리의 에펠탑

논술 세계대표문학을 펴내며

21세기의 사회는 '**전자 문명 시대**'라 일컬어질 만큼 오늘날 전자 산업은 우리 생활의 거의 모든 분야에 다양하게 응용되고 있습니다. 출판 분야 또한 예외는 아니어서, 종래의 서책(Book) 대신에 이른바 '전자책(CD-ROM)'의 출간이 최근 들어 날로 증가하고 있습니다.

그러나 이러한 전자책은 영상 또는 모니터상으로 흥미 위주나 백과사전식 지식을 습득하는 데는 효과적일지 모르지만, 문학 공부를 위해서는 별로 도움이 되지 않습니다. 바꾸어 말하면, 문학 공부는 각 지면마다 살아 숨쉬는 표현 하나하나를 독자 자신의 머리로 음미하면서 작품을 읽어 나가는 가운데, 풍부한 상상력의 배양과 함께 작가의 의도와 그 작품의 내면을 깊이 있게 이해함으로써 이루어지는 것입니다.

이에 훈민출판사에서는, 자라나는 학생들이 범람하는 영상 매체에 길들여지기 전에, 어려서부터 유명한 세계문학 작품들을 책자를 통하여 감명 깊게 읽고 감상함으로써, 올바른 문학 공부의 기틀을 다지고, 아울러 전인 교육도 할 수 있도록 《논술 세계대표문학(전60권)》을 펴내게 되었습니다.

작품 선정은, 초 · 중 · 고등학교 국어 교과서와 역사 교과서에 실리거나 소개된 문학 작품을 중심으로 하되, 그리스 신화와 성경 이야기 등의 고전에서부터 중세 · 근대 · 현대에 이르기까지 세르반테스 · 셰익스피어 · 톨스토이 등 세계 유명 작가들의 장 · 단편 소설들을 엄선 · 수록하였습니다. 또 세계의 명시도 별권으로 엮었으며, 특히 각 단락마다 '**논술 문제**'를 제시하여, 장차 대학입시를 비롯한 각종 '논술 고사'에 예비 지식을 쌓을 수 있도록 배려하였습니다. 아무쪼록, 이 《논술 세계대표문학(전60권)》이 자라나는 학생들에게 문학 공부의 주춧돌이 되고, 나아가 미래를 살아가는 데 **정신적 자양분**이 되기를 진심으로 바라 마지않습니다.

훈민출판사

차례

뒤 마

지은이

1802~1870년. 프랑스 비레트 고틀레에서 출생. 아버지를 일찍 여의고 어린 시절을 어렵게 보냈다. 파리로 이주한 뒤 필경직(직업으로 글씨를 쓰는 일) 일을 하다가, 1829년 희곡 〈앙리 3세와 그 궁정〉을 발표하여 대성공을 거두었다. 1830년 7월 혁명이 일어나자 루이 필립을 지지하는 등의 활발한 정치 활동을 하기도 했다.
초기에는 주로 〈나폴레옹 보나파르트〉나 〈앙토니〉 같은 희곡을 발표하였으나, 〈삼총사〉를 시작으로 역사 소설을 써서 성공을 거두었다. 이후 〈20년 후〉, 〈철가면〉을 발표하였고, 1845년 〈몽테크리스토 백작〉으로 선풍적인 인기와 명성을 얻게 되었다.

몽테크리스토 백작

파라옹 호

마르세유의 항구에는 사람들로 북적이기 시작했다. 이 날은 이 근방에서 제일가는 모렐 상회의 파라옹 호가 육지로 들어오는 날이었다.

"이번에도 귀한 물건들을 잔뜩 싣고 돌아오겠지."

"암, 모렐 씨의 배는 늘 각지에서 가져온 귀중품들로 넘쳐나곤 하질 않나."

"저기 좀 보게! 파라옹 호가 드디어 보이기 시작하는군."

파라옹 호의 선원들은 육지에 몰려든 사람들에게 손을 흔들며 반가움을 나타냈다. 뱃사람들답게 그들은 말투가 거칠고 몸이 단단한 사람들이 대부분이었다.

"아, 이게 얼마 만인가?"

"바다 냄새도 좋지만 육지 가까이 오니 가족들 생각이 사무치는군."

"그 동안 내가 오기를 손꼽아 기다리고 있을 부모님을 생각하니 한시라도 빨리 만나 보고 싶어."

선원들은 각기 그들 곁으로 가까이 다가오는 항구를 바라보며 감회에 젖었다. 일등 항해사인 에드몽 당테스가 파라옹 호의 선원들에게 당부의 말을 했다.

"자, 천천히 배를 항구에 대도록 하세."

배가 들어오는 것을 지켜보던 모렐 씨가, 선원들이 배에서 내리는 것을 기다리지 못하고 서둘러 배 위로 뛰어올라갔다.

"여보게, 도대체 어찌 된 일인가?"

"아, 선주님 아니십니까? 그 동안……."

"인사는 나중에 받도록 하고. 무슨 일이라도 생긴 건가? 배가 들어오기로 한 날짜보다 며칠이 늦어졌는데 말이야."

모렐 씨는 배의 갑판 위에서 선원들을 지휘하고 있는 에드몽 당테스에게 다급하게 물어 보면서 주위를 두리번거렸다.

"선장의 모습이 보이지 않는데, 혹시 병이라도 난 건 아닌가?"

"그게……."

갑자기 당테스의 얼굴색이 흐려지더니 말을 잇지 못했다.

"사실대로 말해 보게, 그 동안 무슨 일이 일어났는지."

"선장님은 병명을 알 수 없는 고열에 시달리다가 그만 세상을 떠났습니다. 그리고 배가 예정보다 늦어진 것은 선장님의 마지막 부탁 때문입니다."

이 때, 한 선원이 당테스에게 서류에 관해 확인을 해 달라고 한 쪽으로 데려갔다. 모렐 씨는 잠시 비통한 심정으로 그 자리에 서 있었다.

"모렐 씨, 아니십니까?"

"자넨 당그라르가 아닌가. 그래, 선장이 없는 동안 자네가 수고가 많았겠네."

"별말씀을요. 그건 그렇고 저 풋내기 당테스 때문에 배가 좀 늦어졌어요. 예정에도 없던 엘바 섬에 들러 무언가를 건네주는 바람에……."

당그라르는 파라옹 호의 돈을 관리하며 여러 가지 일을 돌보던 선원으로, 평소에 당테스를 곱지 않은 시선으로 보고 있었다.

"알겠네. 내가 다시 당테스에게 자세한 이야기를 물어 보도록 하지.

자넨 그만 가 보도록 하게나."

당테스의 험담을 하려던 당그라르는 모렐 씨의 단호한 태도에 그만 어쩔 줄을 몰라하며 그 자리를 떠났다.

다시 당테스와 자리를 함께 하게 된 모렐 씨는 그간의 사정을 들을 수 있었다.

"여보게, 조금 전에 선장의 마지막 부탁이란 게 도대체 무엇인가?"

"예, 그건 엘바 섬에 유배되어 있는 나폴레옹 황제에게 편지와 물건을 전해 주라는 것이었어요."

"뭐라고? 자네 지금 나폴레옹 황제라고 했나?"

모렐 씨는 눈을 둥그렇게 뜨며 깜짝 놀라 잠시 몸을 주춤거렸다. 그리고는 당테스를 외진 곳으로 불러 조용히 속삭였다.

"전 단지 평소 믿고 따르던 선장님의 마지막 유언으로 생각하고 한

것입니다.”
“그래 나폴레옹 황제를 만나 봤는가?”
“예. 저에게 수고했다며 몇 가지 일반적인 안부 정도를 물어 보았지요. 참, 이제 생각납니다만 황제께서는 모렐 씨 집안에 대해 알고 계신 듯합니다만…….”
예기치 않던 이야기에 모렐 씨는 별로 놀라는 기색이 아니었다.
“아마 자네는 처음 듣는 이야기겠지만, 우리 큰아버님께서는 나폴레옹을 모시던 사람들 중 한 사람이셨네. 하지만 이 이야기는 아무도 모르는 일이니 비밀로 해 두게.”
“물론입니다.”
“게다가 자네가 나폴레옹을 직접 만난 사실이 외부에 알려진다면 자넨 아마 살아남지 못할 걸세. 그 외에 다른 일은 없었나?”

"한 가지 더 있어요. 엘바 섬을 떠날 때 황제는 편지 한 통을 주면서 꼭 좀 전해 줄 것을 당부했어요."
모렐 씨는 목소리를 더 낮추어 주의를 주었다.
"그건 자네의 결정에 맡기겠네만, 부디 다른 사람 눈에 띄지 않도록 주의하게. 자네와 선장 간의 일을 알고 있는 사람이 나말고 또 누가 있나?"
"말을 한 적은 없습니다만 당그라르 씨가 눈치채고 있는 듯합니다."
"흠, 내 추측대로군. 조금 전 자네의 행동을 수상히 여긴다는 말을 언뜻 비추고 갔네. 주의를 주기는 했지만 부디 말조심하게."
열아홉 살인 당테스는 아무 말 없이 고개를 끄덕였다.
'난처한 일이지만 선장님이 돌아가시며 간절히 부탁하신 유언을 어찌 모른 체할 수 있단 말인가? 이 편지만 파리에 있는 사람에게 전해 주면 모든 일은 잘 끝날 거야. 난 단지 뱃사람일 뿐이지 정치적인 일엔 관심이 없어.'
잠시 침묵이 흐른 뒤, 모렐 씨가 말을 꺼냈다.
"자, 에드몽 당테스 선장. 이제 우리 집에 가서 선장 축하주나 한 잔 하실까?"
"옛?"
"후후, 자네가 앞으로 파라옹 호의 선장이란 말일세."
"정, 정말입니까? 아, 선주님. 이 은혜를……."
"오히려 내가 고맙네. 자네같이 성실하고 실력 있는 선원을 우리 배의 선장으로 두게 돼서. 앞으로 잘 부탁하네."
너무나 기쁜 나머지 얼굴이 달아오른 당테스는 모렐 씨에게 연신 허리를 굽혀 감사의 인사를 올렸다.
"자, 어서 우리 집으로 가세."

“선주님, 그 전에 만나 볼 사람이 있어요.”

“아참, 내 정신 좀 봐. 자네 아버님과 아름다운 연인 메르세데스가 기다리고 있겠군. 자, 어서 그들이 기다리는 곳으로 가 보게.”

당테스는 파라옹 호의 모든 일을 마무리짓고는 서둘러 아버지가 계신 곳으로 떠났다. 그는 자신이 살던 좁은 골목을 이리저리 돌아 마침내 집에 도착했다.

“아, 역시 집이란 아무리 누추한 곳이라도 늘 포근해. 아버지는 지금쯤 무얼 하고 계실까?”

그는 발소리를 죽여 살며시 집 안으로 들어서 방문을 열었다. 살림살이라고는 얼마 없는 그 곳에 허리가 구부정한 노인이 의자에 굳은 듯 앉아 있었다.

‘아, 아버지!’

당테스는 눈물이 핑 돌아 아버지를 소리내어 불렀으나 목이 잠겨 밖으로 나오지 않았다. 그 때 무슨 인기척을 느꼈는지, 노인이 허리를 돌려 뒤를 돌아봤다.

“아니, 넌 당테스가 아니냐!”

“오, 아버지. 그 동안 얼마나 고생이 많으셨나요?”

“무슨 소리냐? 너야말로 그 험한 바다에서 얼마나 힘이 들었냐. 나야 네가 보내 준 돈으로 잘 지내고 있었다.”

하지만 당테스의 눈에 비친 아버지의 모습은 뼈만 앙상한 노인이었다. 아버지는 아마 아래층에 살고 있는 양복점 주인 카드루스에게 진 빚을 갚느라고 먹을 것을 제대로 못 먹었으리라고 당테스는 짐작했다.

“기쁜 소식이 있어요. 모렐 씨가 저를 파라옹 호의 선장으로 임명했어요. 아마 지금보다 몇 배나 많은 월급을 받게 되니 이제 생활하는 데 걱정 없을 거예요.”

"오, 하느님 감사합니다. 그 동안 성실히 일한 보람이 있구나."

아버지의 환한 얼굴을 본 당테스는 가지고 있던 돈으로 여러 가지 음식 재료를 듬뿍 사 가지고 와 저녁식사 준비를 했다.

"얘야, 식사 준비는 내가 할 테니 너는 어서 카타로니아 마을로 가 보거라."

"옛?"

"이 녀석아, 뭘 그리 놀라니? 한시라도 빨리 메르세데스를 보고 싶을 텐데. 괜히 이 늙은 애비가 너를 붙들고 있었구나."

"아, 아버지도 참. 무슨 소린가 했어요."

겸연쩍은 얼굴로 당테스는 아버지를 바라보며 곧 다녀오겠다는 인사를 하고 집을 나섰다.

'그 동안 메르세데스는 어떻게 지냈을까? 아마 더 아름다워졌을 거야.'

두근거리는 가슴을 안고 카타로니아 마을 입구에 접어든 당테스는 급히 오느라 굵은 땀방울이 온 얼굴에 맺혀 있었다.

그가 메르세데스가 있는 곳을 찾아 막 들어서려던 참이었다.

"왜 그러는지 이유를 말해 줘."

"오빠, 도대체 왜 이러세요? 제가 사랑하는 사람은 단지 당테스뿐이라는 걸 더 잘 알고 계시잖아요. 뭘 말하라는 거예요?"

"메르세데스, 내가 그 놈보다 못한 게 도대체 뭐야? 왜 그 놈은 되고 난 너의 신랑감이 될 수 없다는 거야?"

집 안에서는 메르세데스와 그녀의 사촌 오빠인 페르낭이 서로 소리를 높여 말싸움을 하는 중이었다.

'흠, 사촌 오빠인 페르낭이 온 모양이로군.'

당테스는 어렴풋이 페르낭이 메르세데스에게 관심이 있다는 것은 알고 있었지만, 이처럼 직접 그들이 나누는 대화를 듣는 것은 처음이었다. 그는 어찔 줄을 모르고 그 자리에 멍하니 서 있었다.

"이제 그만 하세요! 오늘……."

큰 소리로 페르낭을 내쫓으려던 메르세데스는 그만 말을 멈추고 말았다. 언제 왔는지 당테스가 문 앞에 우두커니 서 있는 것을 발견했다.

"아, 내 사랑 에드몽! 언제 오셨나요?"

"메르세데스!"

두 사람은 누가 먼저랄 것도 없이 서로 달려가 부둥켜안았다. 조금 전 일로 당테스가 기분이 언짢았던 것은 사실이었지만, 그녀를 본 순간 그만 잊어버리고 말았다.

"이런!"

두 사람이 포옹하는 것을 본 사촌 오빠 페르낭은 당테스를 아는 체도 하지 않고 몸을 홱 돌려 나가 버렸다.

당테스는 메르세데스와 만나 그 동안의 일로 시간 가는 줄 모르고 정신없이 이야기를 나누었다.

"와! 그럼 당신이 이제 선장이 되었단 말이에요?"

"응, 그보다 상의할 일이 있어."

"말씀하세요. 당신이 바라는 일이라면 제가 할 수 있는 일은 무엇이든지 하겠어요."

메르세데스는 아름다운 두 눈을 반짝이며 사랑하는 사람의 얼굴에서 눈을 떼지 않았다.

"아버지도 되도록 빨리 했으면 하는 바람이고, 나 역시 이제 결혼을 해야 할 때가 되지 않았나 생각해. 메르세데스, 나의 청혼을 받아 주겠어?"

"아, 나의 에드몽. 물론이에요."

"그럼 결혼 날짜는 며칠 안으로 잡도록 하겠어. 파리에 볼일도 남았고, 다음 배를 타야 할 때까지 그리 여유가 있는 게 아니니까."

두 사람은 이미 서로의 마음을 확인한 터라 형식적인 결혼에 그리 신경을 쓰지 않았다. 1815년 2월 28일, 젊고 성실한 당테스와 카타로니아 마을의 아름다운 고아 처녀 메르세데스는 결혼식을 올리게 되었다.

축하객으로 모렐 씨를 비롯한 몇몇 선원들, 당그라르, 양복장이 카드루스, 페르낭 등이 참석하였다.

"이제 내 아들이 어엿한 가장이 되었구나. 축하한다!"

당테스의 아버지는 연신 흐뭇한 미소를 지으며 아들의 어깨를 두드려 주었다. 축하객들도 즐겁게 음식을 들며 피로연을 즐겼다.

'흥, 그래 맘껏 웃어라. 조금만 기다려라.'

파라옹 호의 같은 선원인 당그라르는 잔인한 미소를 얼굴 가득히 머금고 누군가를 기다리는 듯 문 쪽을 자주 바라보았다.

"페르낭, 자네 괜찮나?"

"무슨 말씀이오?"

"아니, 그게 저……. 혹시라도 말이야."

양복장이 카드루스가 메르세데스의 사촌 오빠 페르낭에게 다가가 무언가 이야기를 꺼내려는 순간이었다.

결혼식의 음악 소리와 사람들이 웅성대는 소리로 무슨 일이 일어났는지 알 수 없었던 당테스는 자신의 이름이 불리는 것을 눈치챘다.

"파라옹 호의 에드몽 당테스가 누구입니까?"

그러자 모렐 씨가, 당테스의 이름을 부르며 섬뜩하게 들어서는 몇몇의 병사들 앞으로 썩 나섰다.

"무슨 일이지요?"

"당신이 에드몽이오?"

“아닙니다. 그 사람은 우리 배의 선장이오. 그런데 무슨 일로 그를 찾는 건지 저에게 먼저 말씀해 주시오. 당테스는 지금 막 결혼식을 올린 신랑이오.”

“아, 그렇군요. 하지만 우린 단지 명령을 받고 온 사람들이라 그를 데려가야 하오. 양해해 주시기 바라오.”

병사들은 모렐 씨를 옆으로 밀치며 다시 에드몽 당테스의 앞으로 썩 나섰다.

“당신이 에드몽 당테스로군. 자, 어서 갑시다.”

신부인 메르세데스는 당사자인 당테스보다 얼굴이 더 하얗게 질리며 두려움에 몸을 떨었다.

“도대체 무슨 일로 이러는 겁니까? 혹시 뭘 잘못 알고 온 건 아닌지요. 난 당신들에게 연행되어 갈 만큼 큰일을 저지른 적이 없는데요.”

“그런 이야기라면 가셔서 하시죠.”

잠시 주춤거리며 망설이던 당테스는 이내 마음을 고쳐 먹었다.

‘그래, 뭔가 잘못되었을 거야. 난 아무 잘못한 일이 없으니까 이 병사들을 따라가도 별일 없을 거야.’

결국 에드몽은 그들을 따라 피로연장을 나섰다.

“오, 이게 무슨 일이란 말야?”

“메르세데스, 아무 일 없을 테니까 조금만 기다려요. 금방 돌아올게.”

행복한 결혼식장에서 당테스가 병사들에게 끌려간 이유는 바로 검사국에 접수된 한 장의 투서 때문이었다. 그 내용은 다음과 같았다.

본인은 혹시 이 나라에 해가 될지도 모른다는 생각에 이 편지를 씁니다.

파라옹 호의 에드몽 당테스라는 한 선원이 나폴레옹을 만나기 위

해 엘바 섬에 들른 것을 보았습니다. 그를 조사해 보면 모든 것이 밝혀질 것입니다만, 그는 파리에 있는 나폴레옹을 지지하는 보나파르트 당으로 가는 편지를 어딘가에 지니고 있을 것입니다. 이 내용은 누구를 헐뜯고자 함이 아니라 조국을 걱정하는 한 시민의 갸륵한 마음이라 아시고 철저히 조사해 주시기 바랍니다.

병사들에게 끌려 낯선 곳으로 온 당테스는 책상과 의자만이 놓여져 있는 한 작은 방에 앉아 있었다.

잠시 후, 한 사람이 그가 있는 방으로 들어섰다. 그는 검사국에서 촉망받는 빌포르라는 검사 대리였다.

"자, 그럼 이야기를 해 볼까? 당신의 이름부터 말하시오."

검사 대리는 펜을 들어 책상 위에 놓인 서류에 무언가를 끄적거리며 평소 해 오던 관례대로 물었다.

"……."

"이름은?"

"그전에 물어 볼 것이 있소. 왜 이 곳에 왔는지 알고 싶소."

그제야 빌포르는 당테스의 얼굴을 바라다보며 씩 웃었다.

"호, 그렇군. 오늘 결혼식 피로연에서 끌려온 터라 매우 당황했겠소. 그럼 당신이 이 곳에 앉아 있는 까닭을 말해 주지. 어떤 사람이 당신을 고발했소."

"옛?"

"아직 못 알아들은 모양이군. 당신은 지금 국가 반역죄로 붙잡혀 있단 말이오."

당테스는 그 순간 이미 죽은 선장의 부탁을 받은 일이 불현듯 스치고 지나갔다.

‘이런! 지금 내게 무슨 일이 닥쳐온 거야. 난 아무것도 모르고 심부름 만 했을 뿐인데. 정신 단단히 차려야겠군.’

그가 잠시 골똘히 무언가를 생각하는 동안 빌포르 검사 대리는 다시 한 번 그를 불렀다.

“이 봐! 내 말이 안 들리나?”

“예? 아니, 잠깐 다른 생각을 했소. 저, 검사 나리가 원하는 대로 묻는 말에 무엇이든지 대답할 테니 나를 고발했다던 그 편지 좀 보여 주시겠소?”

“뭐라고?”

검사는 당테스의 당당함에 한순간 놀라는 눈치이더니 이내 마음을 고쳐 먹은 듯했다.

‘그래, 투서 내용에는 그다지 중요한 기밀은 없는 것 같으니, 이 자에게 보여 준다고 한들 별 문제가 되진 않을 거야.’

빌포르 검사는 흔쾌히 투서를 찾아 당테스 앞에 내밀었다.

“자, 읽어 보시오.”

“고맙습니다. 검사 나리!”

떨리는 가슴을 진정시키며 투서 내용을 한 글자 한 글자 읽어 내려가던 당테스는 분한 마음에 두 손이 자신도 모르게 떨렸다.

‘누가 이런 짓을 나 몰래 했단 말인가? 도대체 누가……?’

이런 분한 마음을 짐작이라도 하듯 검사 대리는 재빨리 물었다.

“혹시 짐작 가는 사람이라도 있소? 이 투서를 쓴 사람 말이오.”

“아니오. 글씨체도 처음 보는데다가 다른 사람들의 원망을 살 짓을 한 적이 별로 없습니다만…….”

빌포르 검사 대리는 당테스와 이야기를 나누는 사이, 처음에 품었던 경계심이 조금씩 사라지기 시작했다.

'이 사람은 정치적인 이념이 투철한 것 같지도 않고, 주변 사람들에게 해를 끼칠 만한 인물도 아닌 것 같군.'

게다가 결혼 피로연에서 붙잡혀 온 당테스가 왠지 가엾다는 동정심마저 들었다.

"자, 이제 당신이 나에게 이야기를 할 차례요. 투서 내용이 모두 거짓이라고는 하지 않겠지? 당신이 한 일만을 정직하게 말해 보시오."

"그러죠. 내가 탔던 파라옹 호에서 일등 항해사로 일하며 항해를 하던 어느 날, 그만 선장님이 병에 걸리고 말았어요. 항상 나에게 격려를 해 주시던 분이라 슬픈 마음에 정성스럽게 간호를 해 드렸죠. 하지만 며칠을 넘기지 못하고 내게 유언을 남겼어요. 엘바 섬에 있는 나폴레옹 황제를 찾아 편지와 조그만 꾸러미를 전해 줄 것을 부탁받았죠. 난 선장님이 원하는 대로 심부름을 해 드렸고……."

검사 대리인 빌포르는 엘바 섬에 유배된 나폴레옹의 이야기가 나오자 침을 꿀꺽 삼키며 긴장하는 눈치였다.

"그 외에 또 무슨 일을 했나?"

"예, 엘바 섬에서 돌아오는 길에 나폴레옹 황제의 측근으로부터 편지 한 장을 파리에 있는 사람에게 전해 줄 것을 부탁받았죠."

"그래? 혹시 부탁받은 편지를 지금 가지고 있나?"

당테스는 더 이상 숨길 일이 아니라고 생각한 듯 순순히 검사의 말에 대답했다.

"사실은 결혼식이 끝나는 대로 파리로 출발할 생각이었죠."

"편지를 누군가에게 전해 주기 위해서였겠군. 결국 당신은 그들이 무슨 일을 꾸미려는지, 또 건네 받은 편지의 내용이 무엇인지도 모른 채 단순히 심부름만 한 거로군."

"맞습니다. 전 단지 돌아가신 선장님의 유언대로 했을 뿐입니다."

"그게 모두 사실이라면 자넨 죄가 없네."

"아, 고맙습니다."

이 곳에 붙들려 온 뒤 줄곧 가시방석처럼 생각되었는데, 빌포르 검사의 죄가 없다는 시원한 대답을 듣고 나서야 당테스는 한숨이 놓였다.

"자, 이제 자네가 가지고 있는 편지를 내게 보여 주게."

"여기 있습니다."

당테스는 빌포르를 믿고 주저 없이 부탁 받은 편지를 건넸다.

"혹시 누구에게 보내려던 편지인지 알고 있소?"

"예. 파리에 살고 있는 누알티에 백작으로 알고 있습니다."

순간 당테스는 자신의 눈을 의심했다. 패기 넘치고 당당하던 빌포르 검사 대리의 얼굴이 백지장처럼 하얗게 굳어버린 것이었다.

"왜 그러시죠? 혹시 아시는 분인가요?"

"……."

빌포르 검사 대리는 넋이 나간 듯 당테스의 묻는 말에 아무런 대꾸를 하지 않았다.

"검사님, 왜……?"

"지, 지금 뭐라고 했소? 아, 그렇지. 당신의 일을 처리해야 할 일이 남은 거지."

그는 제정신이 아닌 듯 혼잣말로 횡설수설하다가는 곧 머리를 쓸어 넘기고는 당테스에게 눈길을 주었다.

"당신은 아마 오늘밤이 지나면 이 곳에서 풀려나게 될 거요. 하지만 그 전에 명심할 것이 있소. 이 편지에 대한 이야기는 절대 아무에게도 해서는 안 되오. 그리고 누알티에 백작이란 이름도 당신 기억에서 지워 버리도록 하시오."

"검사님이 시키는 대로 하겠습니다만……."

"그 흔적을 남기지 않기 위해서 이 편지를 태워 버리겠소."

마치 무엇인가에 쫓기는 사람처럼 벌떡 일어선 빌포르 검사 대리는 들고 있던 편지를 불에 태워 없애 버렸다.

"내가 한 말을 명심하시오."

곧 그는 가지고 왔던 서류를 서둘러 챙겨 가지고 그 방을 나갔다. 그가 나간 뒤, 두 명의 병사가 들어왔다.

"자, 나오시오."

당테스는 드디어 집에 돌아가는 줄로 알고 병사의 뒤를 따라 그 곳을 나왔다.

죽음의 성

잠시 후, 당테스는 검사국에 있는 철창 안에 갇혔다.

"아니, 어째서 나를 이 곳에 가두는 건가? 아무 죄도 없다는 것이 밝혀졌는데 왜 집으로 돌려보내 주지 않는단 말이오!"

"조용히 해!"

그를 안내했던 두 명의 병사가 사라지고 난 뒤, 간수는 당테스가 불평하는 소리를 듣기 싫은 듯 소리를 질렀다.

'아, 검사 나리께서 오늘밤은 이 곳에서 보내야 된다고 했어. 그래, 날이 밝는 대로 집에 돌아갈 수 있을 거야.'

어느덧 긴장이 풀려 당테스는 쏟아지는 졸음을 견디지 못해 끄덕끄덕 졸기 시작했다.

"이봐!"

누군가가 그의 어깨를 사정없이 흔드는 바람에 그는 눈을 떴다. 졸린 눈을 비비며 올려다보니 몇 명의 병사가 그 앞에 서 있었다.

"따라 나와!"

손짓으로 가리키는 곳을 따라나선 당테스는 검사국 밖에 대기하고 있던 마차에 몸을 실었다.

"이제 집으로 가는 건가요?"

"……."

함께 마차에 탄 병사들은 굳은 얼굴로 그의 말에 아무런 대꾸를 하지 않았다. 하지만 그를 태우고 전속력으로 달리던 마차가 당도한 곳은 비릿한 냄새가 나는 바닷가였다.

"아니, 여긴……."

그와 함께 말에서 내린 병사들은 그를 꼼짝 못하게 한 뒤 배 한 척이 있는 곳까지 끌고 갔다. 반항할 사이도 없이 순식간에 그는 배에 태워졌다.

"도대체 왜 이러는 거요?"

배에는 그를 끌고 왔던 병사들보다 더 많은 수의 병사들이 타고 있었다. 이미 사방이 캄캄해 그 곳이 어디쯤 되는지 알 길이 없었다.

"아……."

당테스는 더 이상 어쩔 수 없는 불길한 상황에 탄식하는 한숨 소리만 쏟아져 나올 뿐이었다. 곧 집으로 돌아갈 것이라 여겼는데, 도대체 어디로 끌려가고 있단 말인가.

배는 이미 육지에서 멀어져 바다 한가운데까지 와 있었다. 그는 더 이상 참지 못하고 한 병사를 잡고 애원했다.

"제발, 가르쳐 주시오. 나를 죽이려는 거면 왜 그러는지 이유만이라도 알려 주시오."

"진정하시오. 우린 단지 명령대로 할 뿐이오."

"한 가지만 묻겠소. 지금 이 배는 어디로 가는 거요?"

병사는 당테스의 말에는 대꾸도 하지 않은 채 앞을 바라다보았다. 이미 그들의 목적지에 도착한 듯했다.

"저, 저기는……."

그 곳은 세상 사람들이 지옥의 성이라 부르는 이프 성이 있는 섬이었다. 마치 귀신이 당장이라도 나올 것처럼 오래되고 무시무시한 그 성은 살아서는 돌아오지 못한다는 현실 세계에 존재하는 지옥이었다.

"아니, 지금 이 배가 가는 곳이 저 곳이란 말이오? 내가 왜……."

"자, 이제 내리시오."

"혹시 당신들이 사람을 잘못 알고 그러는 게 아니오? 난 흉악범도 아니고 나라를 뒤엎으려는 반역자도 아니오. 단지 파라옹 호의 일등 항해사, 아니 선장일 뿐이오. 저 곳은 내가 갈 곳이 아니란 말이오!"

그는 있는 힘을 다해 병사들에게 힘으로 맞섰지만 허사였다.

"그렇지! 빌포르 검사를 만나게 해 주시오. 저 죽음의 성에 내 발로 들어가느니 차라리 이 바닷물에 빠져 죽는 게 나을 거야."

"말로 해서는 안 되겠군. 이봐!"

결국 병사들은 강제로 그를 배에서 끌어내린 뒤, 이프 성이 있는 곳까지 총을 겨누며 데려갔다. 성 안까지 무사히 당테스를 데려다 놓은 후 그들 역시 잠시라도 그 곳에 머물러 있는 것이 두려웠던지 쏜살같이 빠져 나갔다.

곧 육중한 소리와 함께 성문이 닫히는 소리가 멀리서 들려왔다. 이제 아무리 몸부림을 쳐도 독 안에 든 쥐 신세였다. 마치 지옥의 사자 같은 간수가 등불을 높이 들고는 당테스를 향해 비추었다.

"쯧쯧, 또 한 사람이 끌려왔군. 자, 나를 따라오게."

조금 전 병사들과 한바탕 실랑이를 벌이는 통에 온몸에 기운이 다 빠져 버린 당테스는 간수의 뒤를 아무 말도 하지 않고 뒤따랐다.

"자, 들어가. 우선 네 방이 정해질 때까지 여기서 지내도록 해."

간수는 마실 물과 딱딱한 빵을 조금 놓아 두고는 그대로 방을 나가 버렸다. 사방이 조용하고 혼자 남게 된 당테스는 그제야 눈물이 하염없이 흘렀다.

'도대체 내가 뭘 잘못 한 거야. 빌포르 검사도 내게는 죄가 없다는 것을 인정하지 않았느냐 말이야. 그런데 왜 내가 이 지옥의 성에 감금되어야 하는 거지?'

자신의 앞날에 검은 먹구름이 몰려들고 있음을 그제야 알게 된 당테스는 한숨을 내쉬며 그날 밤을 뜬눈으로 꼬박 새웠다.

"이런, 간밤에 한숨도 자지 못한 모양이군."

당테스는 이미 제정신이 아니었다. 예전의 성실하고 인정 많았던 그의 눈엔 살기가 가득 어려 있었다.

"이 곳의 책임자를 만나고 싶소."

"훗, 어림도 없지. 소장님이 그렇게 한가한 사람인 줄 알아?"

"제발 부탁이오."

"아직 정신을 못 차린 모양이군. 어제 놔 둔 빵을 먹지 않은 걸 보니 아직 기운이 남았나 본데, 어디 며칠 더 굶어 보면 생각이 달라질걸."

함부로 자신을 대하는 간수를 보자 당테스는 순간적으로 그에게 달려들어 주먹을 날렸다.

"윽!"

간수는 그 자리에 고꾸라지더니 비실비실 뒷걸음질을 치며 그 곳을 도망쳤다.

"어디 두고 보자."

도망치며 한 마디 던진 간수의 말대로 당테스는 그 곳에서 쫓겨나 더 어두운 지하 감방으로 가게 되었다.

"하하하하!"

사방이 어두운 캄캄한 지하 감방으로 오게 된 당테스는 마치 자신이 살아 있는지 확인이라도 하듯 크게 웃어젖혔다.

'여기까지 왔으니 이제 내가 갈 곳은 무덤뿐이로군.'

이후로 엘바 섬을 탈출하여 국왕 루이 18세를 내쫓고 왕위를 차지한 나폴레옹은 다시 워털루 전투의 참패로 인해 다시 세인트헬레나 섬에 갇히고 말았다. 이 일이 있고 나서 이프 성에 감독관이 파견되었다.

"이 곳에 있는 죄수들의 불만은 대충 어떤 것들인가?"

"헤헤, 아마 만나 보시면 알겠지만 말도 안 되는 소리들을 지껄입니다. 하나같이 자신들은 죄가 없으니 당장 풀어 달라고 소리를 지르거나 먹을 것을 충분히 달라는 것들입죠."

"소장이 수고가 많겠군."

파견 나온 감독관은 이프 성의 소장의 안내로 각 방에 있는 죄수들을 둘러보며 형식적인 질문을 던졌다.

"이쪽은 검사관 나리다. 할말이 있거든 하도록 해라."

"나리, 부디 저를 이 곳에서 내보내 주십시오. 죄가 없는데 왜 이 곳에서 평생을 지내야 하는지. 제발 부탁입니다."

"흠, 죄가 없다고? 좋아, 네 서류를 찾아 한번 검토해 보도록 하지."

감독관은 처음에는 그들의 불만에 일일이 대답했지만 죄인의 방을 몇 곳 더 둘러본 뒤에는 형식적인 대꾸도 하지 않았다.

"소장의 말이 맞군. 어째서 죄인들은 하나같이 자신들은 죄가 없다고 하는지 모르겠어."

"아마 이 곳에 오래 있다가 보니 제정신들이 아닌가 봅니다."

"하하, 그렇군. 자, 이제 이 곳에 있는 죄인들은 다 둘러본 셈인가?"

"그렇습니다. 아참, 아직 두 명의 죄수가 남았지."

이 곳의 소장은 깜빡 잊을 뻔했다는 듯이 말했지만, 이내 별일 아니라는 듯한 표정을 지었다.

"아닙니다. 이제 그만 가시는 게 좋을 것 같습니다."

"무슨 소리요? 아직 두 명의 죄인들이 남았다고 하지 않았소?"

"그게……. 두 놈은 이 곳에서 가장 다루기 힘든 놈들로 이 성의 가장 어두운 감방에 있는 자들입니다. 혹시라도 감독관에게 덤비기라도 하면 큰일 아닙니까?"

소장의 염려에는 아랑곳하지 않는 감독관은 오히려 흥미롭다는 얼굴이었다.

"재미있군. 그 놈들이 도대체 무슨 죄를 지었기에 중죄인이 갇히는 방에 있는지 궁금하기도 하니 어서 가 봅시다."

"정 그러시다면 조심하시고 저를 따라 오십시오."

두 사람은 이프 성의 가장 깊은 곳에 있는 지하 감방에 가기 위해 계단을 조심조심 내려갔다. 그 곳은 등불을 밝혀야 사방이 보이는 아주 어두운 곳이었다.

"34호, 얼굴을 들어라!"

그 곳에서는 죄인의 이름보다 그들이 갇혀 있는 방 번호로 부르곤 했다. 그러자 절망한 듯 고개를 무릎 깊숙이 수그리고 있던 죄인이 얼굴을 들었다.

"흠, 생각보다 젊은 사람이로군. 이 곳에 온 지 오래되지 않은 것 같은데."

"당신은 누구죠? 혹시 나를 위해 이 곳에 온 사람인가요?"

이 방의 죄수는 다름 아닌 파라옹 호의 선원 에드몽 당테스였다. 그의 두 눈은 혹시나 하는 희망에 번쩍거렸다.

"저 놈이 이 곳에 온 지는 1년 정도 된 것 같습니다. 처음 온 날부터 어찌나 난동을 부리는지 결국 이 지하 감방까지 끌려온 겁니다."
옆에 서 있던 이 곳의 소장이 감독관에게 설명을 해 주었다.
"오늘 날짜를 가르쳐 주시겠습니까?"
"1816년 7월 30일이다."
"그럼, 제가 이 곳에 들어온 지 17개월이나 됐군요. 아, 그 동안 아버지와 메르세데스는 어떻게 지내고 있을까?"
감독관은 당테스를 향해 한 마디 던졌다.
"자, 내게 부탁할 것이 있으면 말해 보게."
"부디 재판을 받도록 도와 주십시오. 전 죄가 뭔지도 모르고 이 곳에 갇혀 있습니다. 아니, 저를 담당했던 빌포르 검사는 분명히 죄가 없다고 말했던 게 기억납니다."
"흠, 그 외는 다른 할말은 없는가?"
"없습니다. 제 서류를 다시 한 번 확인해 보시고 재판을 받도록 주선해 주십시오."
"알겠네."
두 사람은 그 방을 나와 나머지 한 중죄인의 방으로 발길을 돌렸다.
"이제 마지막 죄인입니다. 이름은 파리아 신부라고 하는데 미치광이입니다. 말도 안 되는 소리를 늘 지껄인답니다."
"무슨 소리를?"
"자신이 이 곳에서 나가는 것을 도와준다면 어마어마한 돈을 줄 수 있다는 겁니다. 첫 해에는 백만 프랑이던 것이 해마다 백만 프랑씩 늘었으니 아마도 지금은 5백만 프랑쯤 될 테지요. 자, 다 왔군요. 27호 방이 그 노인의 방입니다."
감독관은 자못 궁금한 얼굴로 27호 방문을 열었다. 그 곳에는 백발이 성성한 한 늙은이가 허리를 구부린 채 바닥에 무언가를 열심히 끄

적거리고 있었다.

"감독관이 오셨네. 할말이 있으면 하게."

무언가 깊은 생각에 빠진 듯 소장이 온 줄도 모르고 있던 늙은 신부는 그제야 고개를 들어 위를 올려다보았다.

"감독관? 거 잘 됐군. 이 곳에 있는 소장과 간수들은 내 말을 통 알아듣지 못해 답답했는데."

"그래, 내게 할 이야기라도 있는가?"

"물론이죠. 감독관 정도라면 나와 이야기가 통할 법도 한데. 난 당신이 깜짝 놀랄 만한 보물이 있는 곳을 알고 있는데……. 어때, 흥미롭지 않소?"

조금 전 소장으로부터 들은 보물 이야기가 나오자 감독관은 얼굴을 찡그리며 다른 이야기를 했다.

"이 곳에서 불편한 점은 없소?"

"내 말을 믿지 못하는군. 프랑스 정부에서 나를 내보내 주기만 한다면 당신이 상상할 수도 없을 만큼의 많은 돈을 치를 수 있단 말이오. 5백만 프랑이 적다면 7백만……."

"흠, 그보다는 조금 있다 나올 음식에 대한 불평을 하는 것이 훨씬 이롭다고 생각하는데."

"당신도 마찬가지군. 더 이상 할말이 없소."

파리아 신부는 감독관에게 흥미를 잃은 듯 조금 전까지 그리던 도형에 다시 주의를 기울이기 시작했다.

"자, 그만 갑시다."

소장과 감독관은 27호 방문을 굳게 잠그고 그 곳을 나왔다.

"27호 노인은 이 곳에서 죽음을 맞이할 날이 얼마 남지 않은 것 같군. 하지만 34호 젊은이는 정확히 무슨 죄로 이 곳에 들어왔는지 보고 싶군. 그에 대한 서류를 찾아다 주겠소?”

곧 소장은 당테스의 서류 뭉치를 들고 감독관에게 나타났다.

“나폴레옹을 열렬히 지지하는 자로군. 호, 엘바 섬을 탈출할 때도 큰 힘이 되어 준 모양이로군. 이건 또 뭔가?”

감독관은 당테스의 서류를 읽어 내려가다 덧붙여 쓴 글을 소리내어 읽었다.

“단단히 감시하여 가두어 두라고? 이 정도면 더 볼 필요도 없군.”

그는 감독관의 확인란에 이름을 써 넣고 서류를 덮어 버렸다. 이 사실을 모르는 당테스는 감독관이 다녀간 뒤로 손가락을 꼽아가며 소식을 기다렸다.

“분명 무슨 좋은 소식이 올 거야.”

하지만 하루 이틀이 지나 한 달이 다 되어도 아무 소식이 없었다. 두 달이 지나자, 당테스는 식사를 넣어 주러 온 간수에게 물었다.

“혹시 일전에 다녀간 감독관에게서 내게 무슨 소식이 없었소?”

“너 따위 중죄인에게 그 바쁜 감독관이 무슨 볼일이 있겠냐. 자, 쓸데없는 생각 말고 이 음식이나 받아라.”

간수는 문의 조그만 창문으로 음식을 넣어 주고는 휭하니 가 버렸다.

“아니야, 그럴 리가 없어. 다른 윗분들을 만나려면 아직 시간이 더 필요한지도 몰라. 그래, 조금만 더 기다려보자.”

다시 1년이라는 시간이 소리 없이 흘러갔다. 당테스는 이제 더 이상 감독관의 소식을 기다리지 않았다. 그 뒤로 그는 아무 희망도 없는 이곳에서 인간의 본성을 그대로 드러내면서 살았다.

한 동안은 실의에 빠져 보내다가 방 안에 이리저리 몸을 부딪혀 괴로움을 달래보기도 했다. 그러다가 있는 힘껏 소리를 질러보고는 하느님을 찾기도 했다. 그 중에서 조그만 방 안에서 홀로 보내는 괴로움은 이루 말할 수가 없었다.

'그래, 이제 아무 희망도 없어. 이 곳에 갇힌 지도 벌써 5년이 다 된 것 같군. 죽기 전까지는 이 곳에서 살아 나갈 수 없으니 이렇게 살아서 무엇 하나.'

그는 죽을 결심을 하고 그 날부터 간수가 가져다 주는 음식에 전연 손을 대지 않았다. 하루 이틀이 지나자 에드몽의 몸은 점점 기력을 잃어갔다.

"아, 어지러워. 이제 며칠만 음식을 먹지 않으면 죽겠지. 그럼 이 곳에서 벗어나 편안한 휴식처로 갈 수 있을 거야."

그는 왠지 마음이 편안해지는 걸 느끼면서 일어날 기력도 없어 낡아빠진 침대에 몸을 누였다.

다시 하루가 지나고 4일째 되는 날이었다. 그의 의식은 희미해지고 눈앞에 있는 물체도 제대로 보이지 않았다.

'이제 드디어 내 인생도 끝이 나는구나.'

당테스는 조용히 눈을 감고 깊은 잠에 빠져들기 시작했다. 그 때였다. 무슨 소리가 귓가에 희미하게 들려왔다.

"쓱쓱……. 탁탁……."

무언가 긁어대는 소리 같은데, 어디에서 들려오는지는 알 수 없었다. 가까스로 몸을 일으킨 당테스는 사방을 둘러보았다.

죽음을 생각하면서도 아무도 없는 이 곳에서 이유도 모른 채 죽어야 한다는 것이 가슴 한 구석에 사무친 그에게 난데없는 소리는 한 줄기 빛과 같았다.

'혹시 나와 같은 죄수가 탈출을 계획하고 굴을 파는 건지도 몰라. 그렇지 않으면 낡은 감방을 수리하러 나온 수리공의 연장 소리인지도 모르지.'

절망 속에 들려온 벽을 긁는 소리는 그에게 살아야겠다는 생각이 들 정도로 대단한 것이었다.

'아, 이 몸으로는 도저히 안 되겠다. 우선 간단한 것부터 먹어서 몸을 돌본 다음에 저 소리를 확인해 보자.'

이미 몸을 움직일 수 없을 정도로 많이 쇠약해진 그는 침대 위에서 기어 내려와 그 동안 먹지 않았던 식사를 간단히 했다.

그 동안에도 벽을 긁어대는 소리는 멈추지 않고 들려왔다. 그는 다시 몸을 움직여 감방에서 허물어진 흙 틈에서 주은 돌멩이를 소리가 나는 벽을 향해 힘껏 던졌다.

"탁!"

돌은 벽을 때린 뒤 그대로 바닥에 떨어졌다. 당테스는 다시 몇 개의 돌을 주워 있는 힘껏 벽을 향해 맞혔다.

"탁탁!"

그러자 벽을 긁어대던 소리가 순간 멈췄다.

'분명 수리공이라면 하던 일을 계속할 것이고, 죄수라면 벽을 뚫던 손길을 멈출 것이다. 자, 조금 기다려 보자.'

그의 추측대로 난데없이 들려오던 소리는 더 이상 들려오지 않았다. 숨을 죽이며 소리나던 벽에 기대어 있던 그는 끈기 있게 소리가 나기를 기다렸다. 얼마간의 시간이 흘러도 소리는 들리지 않았다.

'내 추측이 틀림없어. 이 곳을 탈출하려는 죄인이 한 짓이야.'

당테스는 그 때부터 식사를 제대로 하면서 다시 소리가 들려오기를 기다렸다. 3일이 지난 즈음, 벽을 긁던 소리는 다시 들려왔다.

'그래, 나도 벽을 긁어 구멍을 뚫자. 그러면 상대편의 죄수를 만나 볼 수 있을 거야.'

오랜만에 생기가 돈 그는 음식 그릇에서 뜯어낸 사기 조각으로 벽에

바른 흙을 파기 시작했다. 어느 정도 흙을 파자, 이번에는 큰돌이 앞을 가로막았다.

'이 돌을 어떻게 들어낸다?'

이 궁리 저 궁리 끝에 그의 눈에 띈 것은 수프를 담아 내오던 냄비였다. 곧 냄비 손잡이를 뜯어낸 그는 힘껏 돌을 긁어 들어냈다.

'아, 이건 또 뭔가?'

이번에 그의 눈앞에 나타난 것은 그의 힘으로 들어낼 수 없을 정도로 단단한 물체였다.

"아, 이젠 끝장이군."

한숨 섞인 절망의 소리는 자신도 모르게 새어 나갔다. 그 때였다.

"무엇이 끝장이란 말인가?"

"누, 누구요?"

그는 자신의 목소리에 대답하는 소리를 듣고 깜짝 놀라 사방을 두리번거렸다. 하지만 그 곳에는 아무도 없었다.

"27호에 있는 죄수일세. 자네는 누군가?"

"아, 사람의 목소리가 맞군. 반갑습니다. 저는 34호에 있는 에드몽 당테스입니다."

"그 방의 위치를 내게 말해 줄 수 있나?"

"물론입니다. 복도 쪽에 있고, 이 방의 창문을 내다보면 오른쪽에 계단이 보입니다."

"이런, 큰일이로군. 나도 이제 늙은 모양이야. 감옥에 들어오기 전에는 이런 실수는 없었는데, 그 동안 굴을 파던 게 허사가 됐군."

27호 죄수라고 했던 사람은 하던 일이 실패했음을 알고 실망한 듯 잠시 말이 없었다.

"여보시오! 왜 말이 없습니까?"

"왜? 내게 할말이라도 있나?"

"5년 동안 이 곳에 갇혀 지내면서 제일 괴로웠던 게 사람들과 이야기를 나눌 수 없다는 것이었소. 제발 나를 모른 체하지 말고 아무 말이라도 좋으니 이야기를 해 주시오."

그러자 27호 죄수도 그 마음을 이해한다는 듯이 다소 누그러진 말투였다.

"그렇군. 자네도 나와 같은 죄수로군. 잠시 후면 간수가 순찰을 돌 시간이니 오늘은 이만 인사하고 내일 내가 그 곳으로 건너가겠네."

"옛? 이 곳으로 오신다고요?"

당테스는 너무 놀라 자신도 모르게 소리를 질렀다.

"쉿! 자네 목소리가 너무 크군. 그럼 내일 봄세."

믿어지지 않을 일을 겪은 당테스는 너무 흥분이 되어 도무지 잠이 오질 않았다.

'어떤 사람일까? 벽을 뚫는 기술로 봐선 무척 머리가 좋은 사람인 것 같은데. 머리를 써서 감방 안을 훤히 들여다보고 이 곳을 탈출할 계획을 세웠으니 참 대단해. 아, 어서 만나 보고 싶군.'

이런 생각을 하면서 한편으론 나이가 지긋한 27호 죄인이 저토록 열심히 탈출할 기회를 만드는 동안 자신은 무얼 했을까 하는 자책감도 들었다.

'그래, 나도 저 사람과 함께 이 곳을 나갈 길이 생길지도 몰라.'

이리저리 뒤척이며 얼핏 잠이 든 그는 아침이 되자 침대에서 벌떡 일어났다. 잠시 후, 간수가 가져온 음식을 하나도 남김없이 먹어치운 그는 27호 죄수의 연락이 오기만 손꼽아 기다렸다.

"똑, 똑, 똑."

당테스가 있는 감방의 벽에 신호를 보내는 소리가 왔다.

"27호 죄인의 신호가 틀림없어."
그도 역시 돌을 집어 신호를 보내고 벽에 귀를 가져다 대었다.
"간수가 다녀갔소?"
"예, 조금 전 식사를 넣어 주고 갔습니다."
"자, 그럼 놀라지 마시오. 벽 사이에 가로막힌 단단한 기둥을 넘어뜨리고 건너갈 테니."
그의 말이 끝나자 무언지 펑 하는 소리와 함께 사람의 머리가 쑥 튀어나왔다.
"앗!"
당테스는 순간적으로 깜짝 놀라 뒤로 주춤 물러섰다. 머리가 하얗게 센 노인이 웅크린 자세로 자신의 방으로 건너오자 잠시 멍하게 그 자리에 있었다.
하지만 이내 정신을 차린 그는 반가운 마음에 27호 노인을 떨리는 두 손으로 껴안았다.

슬기로운 노인

"정말 반갑습니다."
"허허, 굴을 잘못 판 실수로 이렇게 자네를 만나게 됐으니, 이것도 아마 하느님의 뜻인가 보군."
두 사람은 처음 만난 사이였지만 같은 처지에 있는 사람들이라 금방 친해질 수 있었다.
"저, 어떻게 이 곳에 들어오게 됐나요?"
"그게 궁금한 모양이군. 난 이탈리아 태생으로 파리아 신부라고 하네. 조국 이탈리아를 통일하기 위해 노력하다가 실패한 뒤 이 곳에

붙들려 왔지. 그게 아마도 1807년일 거고, 3년이 지난 뒤 이 곳으로 옮겨 왔다네."

"흠, 저보다 4년 정도 일찍 이 곳으로 오신 거로군요."

"자네는 무슨 죄목으로 젊은 나이에 이 깊은 지하 감방까지 오게 되었나?"

당테스는 파리아 신부의 물음에 자신의 처지가 한탄스러워 긴 한숨을 내쉬었다.

"휴!"

"자네도 억울한 일이 있었나 보군. 이야기하기 싫다면 말하지 않아도 되네."

"아니, 그런 게 아니라 저도 모르는 일이라 그럽니다. 단지 짚이는 구석이 있기는 하지만 전 분명 죄가 없습니다. 아마 나폴레옹 황제의 심부름을 한 죄인 것 같기는 합니다만……."

"나폴레옹 황제와 관련되었다고?"

"그렇습니다. 엘바 섬에 유배되었을 때 편지 심부름을 한 것밖에 없었는데……."

"아니, 나폴레옹 황제가 섬에 유배되었다니 그건 또 무슨 소린가?"

파리아 신부는 에드몽보다 더 오랜 세월 동안 이 곳에서 지내왔기 때문에 바깥의 상황이 어떻게 돌아가고 있는지 알 수가 없었던 것이다. 에드몽은 자신이 알고 있던 외부의 사건들을 자세하게 설명했다.

"그렇군. 세상이 그렇게 변했군."

"그런데 어떻게 이 곳까지 굴을 파고 올 수 있었나요? 감방 안에는 연장이라곤 아무것도 없는데."

"그래 힘든 일이었지. 하지만 난 희망을 버리지 않았어. 늘 어떻게 하면 이 감방을 벗어나 바깥 세상으로 탈출할 수 있을까, 자나깨나 생각했지. 먼저 감방의 여기저기를 잘 둘러본 뒤 굴을 팔 수 있는 도구를 만들기로 했어. 아마 내 방에 와 보면 볼 수 있겠지만, 그런 도구들을 만드는 데 적지 않은 시간이 걸렸어."

"굴을 판 길이는 얼마 정도 되나요?"

"정확히는 알 수 없지만 아마 16미터쯤 되지 않을까 짐작하네."

"네?"

노인의 이야기를 듣던 에드몽은 파리아 신부의 정신력에 충격을 받았다.

'아, 노인으로는 힘든 길이의 굴을 파고 있는 동안 난 무얼 했지?'

당테스는 아무것도 하지 않은 채 원망만 하고 지낸 세월을 후회하며 파리아 신부를 존경스런 눈길로 건너다보았다.

"휴, 하지만 모든 일은 허사가 되어 버렸어. 원래는 이 성의 바깥을 목표로 하여 굴을 파간 것인데, 계산 착오로 결국 자네 방으로 이어지고 말았네."

"이 곳에서 다시 시작하면 되지 않습니까?"

"글쎄. 여기는 지키고 있는 병사들이 있질 않나?"

"그까짓 병사 몇 놈은 제가 문제없이 해치울 수 있어요."

자신 있게 말하는 당테스를 향해 노인은 손을 내저으며 말렸다.

"무슨 소린가! 사람을 해치는 일은 절대 안 되네. 비록 내가 이 곳을 빠져 나가지 못한다고 할지라도 말이야."

"그럼 어렵게 해 온 탈출 계획을 그만두신단 말입니까?"

"난 하느님을 믿는 신부야. 모든 일은 신의 뜻에 맡기겠네. 이 곳에서 남은 여생을 보내야 한다는 것이 그 분의 뜻이라면 따라야지."

흔들림 없는 노인의 굳은 의지를 안 당테스는 다시 한 번 그를 설득하기 시작했다.

"신부님의 생각이 정 그러시다면 다른 방법이 있을 겁니다. 아, 그렇군. 복도 쪽으로 방향을 잡고 다시 굴을 파나가는 게 어떨까요? 그 위로는 한 명의 경비병이 서 있을 테니까 훨씬 일이 수월할 겁니다."

"자네 말도 일리는 있군. 하지만 당장은 힘들 거야. 다시 계산을 하고 계획을 바꾸어야 할 테니까."

"알겠습니다. 그런데 그 동안 신부님이 만든 여러 가지 도구들을 보여 줄 수 있습니까?"

굴을 파는 문제는 당장 서두를 것이 없다고 여긴 당테스는, 그 동안 노인이 이 곳에서 무슨 생각을 하며 어떻게 지내왔는지 매우 궁금했다.

"물론이지. 자, 내 방으로 가세."

그들은 몸을 최대한 구부리며 굴 속을 기어갔다. 잠시 후, 당테스가 있던 감방과 비슷한 구조를 가진 노인의 방이 나타났다.

"자, 여기가 내가 지내는 곳이야."

파리아 신부는 당테스가 궁금해하던 도구들을 하나씩 설명해 주었다.

"이 펜과 잉크는 식사 때 가끔 나오는 생선 가시와 포도주를 이용해서 만든 걸세. 여기 연구 논문이 적힌 종이는 낡은 죄수복과 침대 시트를 이용해서 만든 것이고, 또 이 바늘 역시 생선의 굵은 뼈를 이용했지."

신부가 한 가지씩 물건을 보여 줄 때마다 당테스는 입을 다물지 못했다. 게다가 조국 이탈리아의 통일에 관한 연구 논문을 보자 그는 놀라지 않을 수 없었다.

'이런 곳에 갇혀서, 죄수 생활을 하는 데 아무런 도움이 될 것 같지 않은 논문을 이렇게 온 정성을 다해 쓰고 있다니. 이 분은 정말 대단한 지식과 정신력을 가지신 분이다.'

노인은 그 외에도 초를 만든 방법과 줄사다리를 만드는 법을 가르쳐 주었다.

“대단하군요. 신부님은 아는 게 굉장히 많으신 분 같아요.”

“하하, 그런가. 자네 말대로 이 곳에 들어오기 전까지 내가 읽은 책은 셀 수 없을 정도였네. 그 덕에 외국어도 다섯 가지 정도는 능통하게 할 수 있지.”

당테스는 파리아 신부의 입을 통해 나오는 해박한 지식에 혀를 내두르며 조용히 듣고 있었다. 그러다 문득 한 가지 생각이 떠올랐다.

‘이 분이라면 분명 내가 이 곳에 오게 된 경위를 알려 줄지도 몰라.’

이렇게 생각한 당테스는 조심스럽게 자신의 이야기를 시작했다.

“신부님, 부탁이 있습니다.”

“내게 말인가?”

“예, 이 곳에 오게 된 이유는 전연 모르는 바 아니지만, 누가 저를 이 지경으로 내몰았는지 도무지 알 수가 없습니다. 괜찮다면 제 이야기를 듣고 상황을 판단해 주실 수 있는지요?”

“당신의 문제를 내가 풀어 줄 수 있을지는 모르겠네만, 어디 이야기를 시작해 보게.”

당테스는 이 곳에 갇히기 전까지 일어났던 모든 일들을 기억해 내며 차근차근 들려주었다. 간혹 설움에 복받쳐 이야기가 끊어질 때도 있었지만, 누군가가 자신의 억울한 일을 들어주는 것만으로도 감사했다.

“흠, 일이 그렇게 된 게로군. 누군가가 일부러 자네를 이 곳으로 보낸 것은 사실인 것 같은데, 혹시 짚이는 사람이라도 있나?”

“없습니다. 아버지와 단둘이 살아오면서 다른 사람에게 이렇게까지 원망을 살 짓은 하지 않았다고 맹세합니다.”

“그렇다면 못된 마음을 가진 자들의 짓이로군. 그 당시 자네는 젊은 나이에 일등 항해사에서 곧 선장으로 임명될 상황이었지.”

"그렇습니다."

"우선 자네가 선장에 오르는 것을 가장 싫어할 사람이 누군가 생각해 보게."

신부님의 질문에 당테스는 파라옹 호의 선원들 중 여러 사람을 떠올려 보았다.

"한 사람 짚이는 사람이 있기는 한데……."

"그게 누군가?"

"당그라르입니다. 파라옹 호의 경리 일을 보고 있던 선원으로 부정하게 돈에 손을 대는 것을 몇 번 본 적이 있습니다. 배의 선주인 모렐 씨에게 직접 이야기를 하진 않았지만 주의를 주곤 했지요. 그 사람은 내가 그 배의 선장이 되는 것을 원치 않았을지도 모르겠군요."

"그랬군. 하지만 당그라르란 한 사람만으론 자네가 이 곳까지 올 수 있도록 일을 꾸미진 못했을 거야. 자네가 검사국으로 끌려가던 날 결혼식을 올리고 있었다고 했지."

"예, 아……. 지금쯤 나의 신부 메르세데스는 어떻게 되었을까?"

사랑하는 연인 메르세데스를 생각하니 그는 자신의 처지가 더욱 한탄스러웠다.

"혹시 자네의 신부를 남몰래 사모하고 있었던 사람은 없었나?"

노인은 당테스를 함정에 빠뜨린 사람을 알아 내기 위해 여러 모로 방법을 찾고 있었다.

"없어요. 아니, 잠깐만. 그래, 내가 메르세데스를 찾아가던 날, 그녀의 사촌 오빠가 그녀에게 애원을 하고 있었어요. 난 그녀의 이름을 부르지도 못하고 그 자리에 서 있었죠. 페르낭이라는 그 자는 곧 나의 존재를 확인하고는 그만 그 자리를 떠나 버렸어요."

"이제 어느 정도 윤곽이 드러나는군. 당그라르와 페르낭이라는 사람이 제일 의심이 가는 인물이야. 자, 그럼 다시 당그라르란 사나이에 대해 이야기해 볼까."

신부님은 손을 비비며 두 눈을 깜빡였다.

"당그라르는 자네가 엘바 섬에 들른 사실과 다시 편지를 부탁받은 사실을 알고 있었나?"

"정확히 그렇다고 말씀드릴 수는 없지만 아마도 알고 있을 겁니다."

"아니, 그렇게 대답해선 안 되네."

"제가 선장님으로부터 이야기를 전해 듣는 순간, 누군가가 밖에서 듣고 있다는 느낌이 들어 선실 문을 열었을 때 깜짝 놀라며 도망치는 당그라르를 보았어요."

"그럼 확실히 알고 있었겠군. 이제 대충 알 것 같군."

당테스는 침을 꿀꺽 삼키며 신부님을 바라다보았다.

"자네를 고발한 밀고장을 쓴 사람은 바로 당그라르일세."

"아닙니다."

"왜 그렇게 생각하는가?"

"감옥에 갇혀 있는 동안 그렇게 생각한 적도 있었지만 검사국에서 검사 대리가 보여 준 밀고장의 글자는 그 자의 글씨체가 아니었어요."

"밀고장의 글씨체를 두고 하는 말인가?"

"예, 당그라르는 경리 장부를 써 왔기 때문에 자주 그의 글씨를 볼 기회가 있어서 알 수 있어요."

그러자 신부님은 묘한 웃음을 지어 보이며 펜과 종이를 꺼내 놓았다.

"그 문제라면 간단하지. 자, 잘 봐 두게."

신부님은 펜을 왼손에 쥐고는 천천히 글씨를 써내려 가기 시작했다. 갑자기 당테스의 얼굴에 환한 빛이 떠올랐다.

"맞아요! 이런 글씨체였어요."

"당그라르 그 자가 이렇게 왼손으로 글씨를 쓴 것은 자네를 속이려고 한 것이네. 왼손으로 쓴 글씨체는 누구나 다 비슷하지."

그제야 일의 윤곽이 드러나자 당테스는 분노가 끓어올랐다.

"자, 화를 가라앉히고 조금 더 생각을 해 보도록 하세. 당그라르와 자네 연인의 사촌 오빠 페르낭이 가장 의심이 가는 인물인데, 혹시 두 사람이 친분이 있는 관계인가?"

"그것은 잘 모르겠군요. 아니, 잠깐만. 제가 메르세데스를 만나고 집으로 돌아오는 길에 거리에 있는 한 카페에서 카드루스와 당그라르, 페르낭이 무슨 이야기를 나누고 있는 것을 얼핏 봤어요."

"잠깐만. 카드루스란 자는 누구지?"

"아버지가 계신 곳의 아래층에 살고 있는데 양복점을 하고 있어요."

"그 사람은 자네와 별다른 원한 관계가 없어 보이는데. 하여간 당그라르와 페르낭이라는 청년이 꾸민 짓임에 틀림없어."

당테스는 자신을 이런 곳에 보낸 두 사람을 새삼 생각해 내며 분통을 터뜨렸다.

"나쁜 놈들!"

"진정하게. 그럼 그 동안 궁금했던 일은 또 없나?"

"있어요. 검사국에 끌려간 뒤, 어째서 이 감옥으로 바로 들어오게 되었던 거죠? 간단한 재판 절차도 없이 말이에요."

신부님도 고개를 갸우뚱거리며 당테스의 말에 동감을 표했다.

"아직 문제가 끝난 게 아닌 것 같군. 검사와 이야기를 나누는 과정에서 혹시 이상한 낌새라도 있었나?"

"별로. 검사 나리는 무척 친절한 분으로, 나를 고발했던 밀고장까지 보여 주셨어요. 그런 뒤 앞으로 위험할지도 모르니까 편지마저도 불태워 버리셨죠."

"뭐라고? 무슨 편지를 불태웠단 말인가?"
"아, 그 부분은 제가 자세히 말씀드리지 않았군요. 엘바 섬에서 파리에 있는 사람에게 전달해 주라고 했던 편지 말이에요."
"이상하군. 검사가 함부로 증거 서류를 없애 버리다니."
"그 때 검사의 얼굴빛이 몹시 좋지 않았던 게 기억이 나요. 제가 몇 번 불러도 딴생각을 하는지 듣지 못했어요. 그러고는 저는 죄가 없다고 하면서 곧 풀려날 것이라고 친절히 일러 주었어요."
"혹시 자네에게 당부하던 말은 없었나?"
"아, 그래요. 없애 버린 편지는 누구에게도 비밀로 하라고 말했어요."
예리한 신부님은 잠시 생각을 정리한 뒤 침착하게 물었다.
"당테스, 혹시 그 편지가 누구에게 가는 건지 기억하고 있나?"
"물론이죠. 파리에 있는 누알티에 백작 앞으로였어요."
"그 사람이라면 나도 들은 적이 있지. 나폴레옹이 황제가 되는 데 한몫 한 사람이지. 자, 자네를 신문했던 검사의 이름은 뭔가?"
"빌포르 검사라고 알고 있습니다."
그제야 신부는 손으로 이마를 탁 치며 호탕하게 웃었다.
"드디어 모든 일이 훤해졌군. 당테스, 잘 듣게. 자네에게 친절하게 굴었다던 그 검사는 바로 누알티에 백작의 아들일세."
"뭐, 뭐라고요?"
"자, 진정하게. 빌포르 검사는 자신의 아버지가 나폴레옹의 열렬한 지지자인 것이 온 세상에 알려지게 되면 그 날로 모든 게 끝장이 나는 셈이지. 그 동안 쌓아올렸던 자신의 명성이 하루아침에 물거품이 될지도 모르는 상황이었어. 그래서 서둘러 누알티에 씨 앞으로 가는 편지를 불태워 버리고 자네를 이 곳에 영원히 가두어 두려고 일을 꾸민 걸세."

“아, 그럴 수가…….”

조금 전 당그라르와 페르낭에게서 받은 배신감이 채 가시지도 않은 상태에서 이제까지 믿어왔던 빌포르 검사의 음모를 알게 되자, 당테스는 더 이상 주체할 수 없는 혼란에 빠지고 말았다.

‘혹시나 빌포르 검사에게 연락이 닿기만 하면 이 곳에서 벗어날 수 있다고 믿어 왔는데. 난 그 동안 아무것도 모르고 악마의 구원을 기다리고 있었다니. 아아……. 자신들의 행복을 위해 죄 없는 나를 이렇게 무참히 짓밟아 놓다니. 그런데도 난 그들에게 한 마디 원망도 할 수 없이 이 곳에서 평생을 보내야 한다니 내 신세, 참 한스럽구나.’

마치 넋이 나간 듯 멍하니 벽만 바라보고 있는 당테스를 신부님은 애처로운 듯이 바라다보았다.

“당테스, 정신 차리게.”

“…….”

“여보게, 내 말이 들리나?”

“네? 아, 신부님이 계셨군요. 참, 감사하다는 말씀도 못 드렸군요. 제 이야기를 끝까지 들어주시고 이렇게 훌륭하게 추리까지 해 주셨으니 뭐라 감사의 인사를 드려야 할지 모르겠군요.”

“별말을 다 하는군. 부디 딴마음 먹지 말고 기운 차리게.”

“그럼 오늘은 그만 제 방으로 돌아가 보겠어요.”

“그렇게 하게.”

당테스는 꾸벅 고개를 숙여 인사를 하고 자신의 감방으로 돌아왔다. 그는 침대에 누워 냄새 나는 이불을 머리끝까지 뒤집어쓰고는 흐느껴 울었다.

“흑흑흑…….”

한참을 그렇게 울고 난 당테스는 독한 마음이 가슴속 깊이 새겨졌다.

'이대로 여기서 평생을 썩을 순 없어. 모든 일이 명확히 밝혀진 이상 무슨 수를 써서라도 이 곳을 나가야만 해. 나에게 이런 시련을 안겨 준 놈들을 그냥 두지 않을 거야. 아니, 꼭 복수를 해 줄 거야.'

그날 밤을 뜬눈으로 지새운 그는, 날이 밝자 간수가 들여온 음식을 남김없이 모조리 먹어치웠다.

'굴을 파 이 곳을 나가려면 먹고 기운을 차려야 한다.'

잠시 후, 파리아 신부가 간수가 왔다 갔음을 알고 당테스의 방으로 건너왔다.

"어젯밤엔 한숨도 못 잤겠군. 이미 지난 일이니 너무 마음쓰지 말게."

"아닙니다. 신부님, 한 가지 부탁이 있는데, 들어주시겠어요?"

초췌한 얼굴로 당테스는 신부님을 향해 말을 건넸다.

"그 동안 제가 얼마나 무지하게 살아왔는지 몰랐어요. 단지 남에게 해를 끼치지 않고 착하게 살려고 노력했지요. 그러다가 이렇게 험한 꼴을 당하고 보니 비로소 깨달았어요. 사람은 늘 배워야 한다는 것을 말이에요."

"자네 어제 일에 큰 충격을 받은 모양이군."

"어제 일뿐만이 아니에요. 신부님은 그 동안 머리를 써서 이 곳을 탈출하기 위해 여러 가지 노력을 하셨죠. 하지만 전 이 곳에 들어온 뒤로 아무 계획도 없이 제 신세만 한탄하며 지냈어요. 제가 아는 게 없었기 때문이지요."

"사람이란 비참한 상황에서도 희망을 버리지 말고 늘 머리를 써야 한다는 걸 느낀 모양이군. 그래 내게 부탁할 일이란 것은 무엇이지?"

신부님은 당테스의 기분을 어느 정도 짐작하고 있었기 때문에, 자신이 해 줄 수 있는 일이라면 무슨 일이든지 돕고 싶었다.

"제게 신부님이 가지고 계신 지식을 가르쳐 주세요."

"흠, 자네가 원한다면 그렇게 하지. 내가 터득한 과학, 수학, 역사, 철학, 어학 등 무엇이든지 가르쳐 줌세."

"아, 고맙습니다."

그 날부터 당테스는 파리아 신부로부터 가르침을 받아 열심히 공부했다. 배우려는 마음이 강했던 터라 그의 지식은 나날이 발전해 갔다.

'저 청년은 아주 머리가 좋군. 한 가지를 가르쳐 주면 다음 것을 예측해서 알아 내니 말이야. 눈빛도 예전과는 다르게 아주 총명해 보여.'

신부님은 자신의 말에 열심히 귀를 기울이는 당테스를 흐뭇한 눈길로 바라다보았다. 서로의 방을 오가며 공부를 시작한 지도 몇 년이 지났다.

"여보게, 자네는 이 생활에 만족하는가?"

"옛? 무슨 말씀이신지?"

하루는 파리아 신부가 당테스를 물끄러미 쳐다보며 느닷없이 물었다.

"그보다 먼저 나와 약속을 해 주게. 절대 사람을 해치는 일은 하지 않겠다고 말이야."

"그렇게 하겠습니다."

"이제까지 미루어 두었던 탈출 계획을 말하려던 참이었네."

"아, 그렇군요. 어떻게 계획을 수정하셨나요?"

신부님은 침대 밑을 들추어 한 장의 도면을 당테스 앞에 내놓았다.

"여길 보게. 언젠가 자네가 말했던 대로 복도 쪽으로 다시 굴을 파 나가다가 천장 위에 있는 돌을 들어내는 걸세. 그 위엔 분명히 보초병이 서 있을 테니, 자네가 그 보초병을 잡아내려 재빨리 줄로 묶으면 되네."

"알겠습니다. 보초병 따위는 제게 맡겨 주세요."

"다시 한 번 말하지만 사람을 절대로 해쳐서는 안 되네."

"명심하겠어요. 그 다음엔 어떻게 하면 되는 거죠?"

"보초병을 묶은 뒤 복도에 나 있는 창문을 통해 밖으로 나가면 돼."

당테스는 고개를 갸웃거리며 의아해했다.

"하지만 성벽을 무얼 타고 내려가나요?"

"그건 걱정 말게. 전부터 줄사다리를 만들어 놓은 게 있으니 그걸 이용하면 된다네."

그는 파리아 신부의 빈틈없는 준비에 다시 한 번 감탄했다. 그들은 이렇게 계획을 세우고 곧 방향을 바꾸어 굴을 파기 시작했다.

일은 순조롭게 진행되어 15개월 정도가 지나자 파놓은 굴 위로 사람의 발소리가 희미하게 들려왔다.

"와, 드디어 해냈군."

"자네 덕분일세. 나 혼자 이 일을 했다면 아직 어림없을 거야."

성 밖으로 나갈 수 있는 길이 점점 가까이 다가오자 당테스는 환호성을 질렀다. 하지만 파리아 신부는 침착한 얼굴로 주의를 주었다.

"아직 기뻐하기는 일러. 먼저 병사가 걸어다닐 수 있도록 버팀목을 대야겠네. 병사의 무게를 견디지 못해 파놓은 굴이 무너지기라도 하면 큰일나니까 말일세."

"아, 그렇군요."

당테스는 신부님의 말대로 서둘러 얇아진 굴을 지탱하기 위한 작업에 들어갔다. 파리아 신부는 탈출에 쓸 도구들을 점검하고 있었다.

"아아, 당테스. 나 좀 도와주게."

"아니, 왜 그러십니까?"

하던 일을 중단하고 파리아 신부가 있는 곳을 돌아다본 당테스는 깜짝 놀랐다. 신부님이 가슴을 쥐어뜯으며 신음을 하고 있었다. 당테스는 재빨리 파리아 신부 곁으로 달려가 그를 부축해 주었다.

"신부님, 어디가 아프신가요? 곧 간수에게 연락을 하겠어요."

그러자 신부는 얼굴을 찡그리며 손을 가로저었다.

"아니, 안 되네. 내 병은 내가 잘 알고 있다네. 시간이 갈수록 내 몸이 점점 굳어지고 입에 거품을 뿜을 걸세. 먼저 내 방에 가서 침대 밑에 있는 빨간 약병을 이리로 가져다 주게. 그 때쯤 내가 정신을 잃은 상태라도 당황하지 말고 내 입에 약을 몇 방울 떨어뜨려 주면 되네."

"그럼, 잠시만 기다리세요."

신부님의 이런 모습을 처음 본 당테스는 몹시 놀랐으나, 서둘러 굴을 지나 약병을 찾아 가지고 돌아왔다. 얼마나 고통이 심했던지 신부는 벌써 기절한 상태였다. 당테스는 가슴을 진정할 수 없어 손에 든 약병이 마구 떨렸다.

"아, 신부님. 제발 정신차리세요."

파리아 신부의 입에 몇 방울의 약을 떨어뜨리고 당테스는 마음속으로 기도를 드렸다.

'하느님, 제발 도와주세요.'

얼마인지 시간이 지나자 빳빳했던 파리아 신부의 몸이 꿈틀대기 시작했다.

"휴!"

"신부님! 이제 좀 정신이 드세요?"

잠시 정신을 잃었던 신부님은 이리저리 고개를 돌려보더니 당테스에게 눈길을 주었다.

"내가 발작을 했었나 보군."

"네. 잠시 정신을 잃으셨어요."

"자네가 날 살린 모양이군. 수고했네. 오래 전부터 앓고 있던 유전병이 도진 걸세. 이 곳에 들어온 뒤로 두 번째 발작이로군. 이제 한 번만 더 쓰러지면 그 때는 저승사자가 날 데려갈 거야."

난데없는 신부님의 말에 당테스는 펄쩍 뛰었다.

"아니에요. 요즘 신부님이 몸을 돌보지 않고 굴 파는 일에 너무 매달린 탓이에요. 조금 쉬시면 괜찮아질 겁니다."

"그랬으면 오죽 좋겠나만, 난 이제 탈출하기에는 무리인 것 같군. 이제 일이 거의 완성 단계에 이르렀으니, 자네는 마음의 준비를 하도록 하게."

"말도 안 되는 소립니다. 만약 신부님이 이 곳에 남겠다고 하신다면 저도 곁에 있겠어요. 분명히 신부님의 몸은 회복될 겁니다."

"부질없는 짓이야. 만약 자네와 내가 탈출에 성공한다고 할지라도 난 얼마 남지 않은 목숨이야. 신은 내게 이 곳에 남아 있을 것을 암시하신 거야."

"왜 그런 약한 말씀을 하십니까? 신부님의 몸이 회복될 때까지 당분간 파놓은 굴은 다시 막아 놓도록 하겠어요."

절대로 파리아 신부를 혼자 내버려 두고 이 지옥의 성을 떠나지 않겠다고 당테스는 마음먹었다.

"자네는 참 괜찮은 사람이로군. 은혜를 저버리는 사람들이 많은 세상에 나 같은 늙은이에게 그처럼 마음을 써 주니 말이야. 나를 내 방에 좀 데려다 주겠나?"

"자, 저에게 업히십시오."

자신의 방으로 돌아온 파리아 신부는 침대 위에 누웠다. 막 인사를 하고 돌아서려는 당테스를 향해 손짓을 하며 불러 세웠다.

"여보게, 내일 할말이 있으니 내 방으로 건너오게."

"그러죠. 그럼 편히 쉬세요."

목숨을 건 탈출

다음 날 한 줄기 빛이 당테스가 있는 감방에 비치자 그는 눈을 떴다.

'아 참, 신부님의 몸이 좋지 않지. 간수가 다녀가는 대로 신부님을 찾아가야지.'

잠시 후, 간단히 식사를 끝낸 당테스는 침대 곁에 가리어진 벽의 흙덩이를 들어내고 27호 감방으로 건너갔다.

"오, 당테스. 어서 오게."

"신부님, 몸은 좀 어떠신가요?"

"자네 덕택에 좋아졌어. 참, 이리 오게. 자네에게 보여 줄 게 있네."

자신이 써 놓은 논문들 틈을 뒤적여 꺼내 놓은 종이는 여기저기 찢겨져 있었다. 신부님은 그 종이가 무슨 보물이라도 되는 것처럼 소중히 다루었다.

"죄송합니다만 무슨 내용인지 알 수가 없군요."

"그럴 걸세. 이 종이가 얼마나 귀한 물건인지 먼저 설명해 주지."

파리아 신부는 표정을 굳히며 엄숙한 얼굴로 너덜거리는 종이에 대한 비밀을 털어놓았다.

"이탈리아의 스파다 가문은 갑부로 유명한 집안일세. 그 가문과 친분이 있던 나는 그 집안에 대대로 전해져 내려오는 이야기를 들은 적이 있지. 오래 전 이탈리아의 국왕은 스파다 가문의 엄청난 재산을 빼앗기 위해 세자르 스파다를 왕궁으로 불러들여 암살하고 말았네. 자신의 목숨이 위태롭다는 것을 눈치챈 그는, 죽기 전에 조카에게 유서 한 장을 남겨 두었지. 그가 죽은 뒤 왕은 물론 스파다 가문의 많은 사람들이 막대한 재산을 찾으려고 노력했으나 모두 허사였네."

"아주 흥미로운 이야기로군요."

신부님의 이야기를 들은 당테스는 단지 전해지는 이야기로만 들을 뿐 큰 관심을 보이지 않았다.

"이 종이에 관한 이야기는 지금부터야. 스파다 가문의 조상이 남긴 유언장에는, 금으로 장식된 기도서를 한 장 남기니 잘 보관하라는 내용이 들어 있었을 뿐이야. 이런 일이 있은 뒤, 3백년이라는 긴 세월이 흘러 이 사실은 사람들의 기억 속에서 모두 잊혀져 갔지. 단지 스파다 가문의 마지막 자손인 스파다 백작만 빼고 말이야."

"그 스파다 백작과 신부님은 어떤 관계인가요?"

"이제 자네도 눈치를 챈 모양이군. 몰락한 가문인 스파다 백작과 나는 아주 친한 친구 사이였어. 서로의 일을 모르는 게 없을 정도였으니까 말이야. 그 스파다 백작에게는 후손이 없었던 관계로 그가 죽은 뒤 얼마 되지 않은 그의 유산이 내게 넘어오게 됐어. 문제의 그 기도서와 함께 말이야."

지난 일을 회상하며 숨가쁘게 이야기를 하던 신부님은 잠깐 숨을 몰아쉬었다.

"신부님, 남은 이야기는 다음에 하기로 하고 이제 좀 쉬시는 게 어떨까요?"

"아니야. 이야기는 이제 거의 끝났어. 스파다 백작이 죽고 며칠이 지난 어느 날이었어. 서재에서 책을 읽다가 그만 잠이 깜빡 들고 말았지. 한참을 자고 난 뒤 깨어 보니 사방이 어두워 아무것도 보이질 않았어. 그래서 손에 잡히는 종이를 들고 난롯가에 가서 불을 붙였지. 그런데 내 눈앞에 믿을 수 없는 일이 일어난 거야."

"왜, 집안에 낯선 사람이라도 있었나요?"

점점 흥미진진한 이야기를 듣고 있던 당테스는 황급히 물었다.

"하하하, 그게 아니야. 바로 내 손에서 타고 있던 종이 위에 서서히 글자가 나타나기 시작한 거야."

"네? 기도서 위에 또 다른 글자가 써 있었다고요?"

"그래. 스파다 가의 조상은 바로 기도서란 곳에 막대한 재산의 비밀을 써 두었던 거야. 나는 서둘러 타들어가는 종이의 불을 끄고는 그 내용을 읽어 보았지. 하지만 그 때는 이미 기도서의 3분의 1이 불타 버렸네."

"그럼 그 내용을 완전히 알 수는 없었겠군요."

"아니, 가지고 있던 기도서의 내용에 맞추어 내 나름대로 기도서를 완성했다네. 자, 조금 전에 보여 준 그 종이와 내가 다듬어 놓은 글을 읽어 보게."

당테스는 신부가 완성해 놓은 종이를 천천히 읽어 내려갔다.

오늘은 1498년 4월 25일, 왕궁에서 온 신하로부터 국왕의 만찬에 와 달라는 전갈을 받았다. 하지만 왠지 불길한 예감이 들어 유언장을 써 둔다.

내가 가진 전 재산을 몽테크리스토 섬에 묻어 둔다. 약 2백만 에퀴 정도가 될 이 보물들은 이 섬의 동쪽 해안 스무 번째 바위 안에 숨겨 두었다. 바위 안에 있는 두 번째 동굴을 파면 발견할 수 있을 것이다. 부디 올바른 일에 이 보물들을 써 주기 바란다.

쪽지를 다 읽고 난 당테스는 엄청난 보물이 몽테크리스토 섬에 숨겨져 있다는 사실에 놀라움을 금치 못했다.

"그럼 아직도 그 섬에 보물들이 숨겨져 있다는 말씀인가요? 어째서 신부님은 이 사실을 알고 그대로 두고 계신 건가요?"

"아마 그것도 신의 뜻이겠지만, 배를 구해 몽테크리스토 섬으로 떠나려고 하던 날, 그만 반역죄로 정부에 붙잡히고 말았네."

"그 보물들은 지금 시세로 따지면 그 가치가 어느 정도나 되죠?"

"3백 년 전에 약 2백만 에퀴라면 지금은 상상할 수 없을 정도의 값어치가 있지. 이 곳에서 자네와 함께 탈출한다면 그 섬으로 가려고 했네. 보물을 절반으로 나누어 가지려고 했는데 말이야."

"말도 안 되는 소리입니다. 저는 그 보물을 가질 자격이 못 됩니다."

"자네는 나와 피를 나눈 가족은 아니지만 내 양아들이 될 자격이 충분히 있어. 그 동안 마음속으로 자네를 내 아들로 생각하고 있었네. 어차피 난 이 곳을 빠져 나가지 못할 테니, 이제 그 보물은 모두 자네 것이네."

"아, 신부님!"

자신을 따뜻이 돌봐 주고 가르쳐 준 파리아 신부의 안색이 좋지 않다는 것을 안 당테스는 흐느껴 울었다.

"울지 말게. 이 외로운 감옥에서 자네 같은 사람을 아들로 삼게 되어 더없이 기쁘다네. 하느님은 괴로움 뒤엔 항상 진한 감동을 주시지."

파리아 신부는 늘 자신의 신세를 불평하거나 한탄하는 일이 없었다. 욕심을 버리고 처해 있는 상황을 있는 그대로 받아들이고 하늘의 뜻을 따랐다.

그 뒤로 탈출 계획은 접어 둔 채 당테스는 신부님을 간호하는 일에 온 정성을 다 기울였다. 신부님은 그를 곁에 앉혀 두고 인간의 욕심이 얼마나 끝이 없는가를 이야기하면서 쓸데없는 욕심은 인간을 파멸로 이끌 뿐이라며 충고해 주었다.

"항상 신이 자네와 함께 한다는 걸 잊지 말고 살기를 바라네. 또 많은 돈은 사람을 잘못된 길로 이끌 수도 있다는 사실을 명심하고 돈의 노예가 되지 않도록 마음과 몸을 잘 다스려야 하네."

"가슴속 깊이 새겨 두겠어요."

파리아 신부의 애정어린 충고를 들으면서도 당테스는 가슴 깊은 곳에서 울려 나오는 또 다른 소리를 들을 수 있었다.

'신부님의 말대로 그 보물이 내게 들어온다면 나를 이 지경으로 만든 사람들에게 멋진 복수를 해 주겠어.'

아직 당테스는 신부님의 말대로 그들을 무조건 용서할 수는 없는 게 솔직한 심정이었다. 파리아 신부가 앓아 누운 지도 여러 달이 흘렀다.

"아아, 당테스……."

저녁 무렵 얼핏 잠이 든 그에게 몸부림치는 소리가 아련히 들려왔다. 이상한 예감에 후닥닥 자리에서 일어선 그는 신부님에게로 달려갔다.

"오! 당테스. 어서 이리로……."

"신부님! 정신차리십시오."

그 동안 몸이 몹시 쇠약해진 신부님은 헛소리처럼 당테스의 이름을 부르며 손을 허공에 내저었다. 당테스는 어쩔 줄을 몰랐다.

"아, 그래. 신부님이 드시던 약이 있었지. 어디에 두었더라?"

"그만 둬. 이제 그 약도 더 이상 듣지 않을 거야. 이번이 세 번째 발작이니 난 이제 운명이 다한 거야."

"아니, 그렇지 않아요. 신부님은 다시 일어날 수 있어요. 부디 정신을 놓지 마세요."

"고맙네. 하느님은 나를 이 곳에서 내보내 주지 않았지만 원망하지 않겠네. 자네 같은 믿음직한 젊은이와 함께 지낼 수 있는 시간을 마련해 주셨으니 말이야. 부디 자네만이라도 이 곳을 나가 이 세상의 행복을 마음껏 누려 주게."

파리아 신부의 목소리는 점점 작아지면서 죽음의 그림자가 다가오고 있는 것을 곁에서 안타깝게 지켜볼 수밖에 없었다.

"아, 신부님. 저 혼자서 어떻게 하라고……."

"내 손을 잡아 주게."

당테스는 손을 내밀어 파리아 신부의 앙상한 두 손을 꼭 쥐었다.

"부디 몽테크리스토 섬을 찾아 원하는 바를 이루도……."

신부님은 마지막 말을 유언으로 남긴 채 그만 숨을 거두고 말았다.

"신부님! 신부님!"

사방이 고요해지고 혼자 남게 된 당테스는 갑자기 밀려오는 외로움에 소리내어 신부님을 불러 보고 흐느꼈다.

만약 그 때 이 곳에 간수가 순찰을 나왔더라면 필시 당테스의 목소리를 들었을 정도로 그는 한동안 서럽게 울었다.

차츰 파리아 신부의 몸은 굳어져 갔다. 그제야 정신이 든 당테스는 침대 위에 가지런히 신부를 눕히고는 조용히 자신의 방으로 돌아왔다.

'이제 어떡하지. 나를 이끌어 주시던 신부님마저 세상을 떠났으니 어쩌면 좋단 말인가?'

그는 꼼짝도 하지 않고 침대에 기대어 멍한 눈으로 하룻밤을 지새웠다. 다음 날 빛이 방 안에 비치기 시작하자 27호 감방에서 사람 소리가 아련히 들려왔다.

'저 소리는?'

어젯밤 일이 꿈이었기를 바라는 마음에 당테스는 귀를 벽에 바짝 가져다 대었다.

"어쩐지 며칠 전부터 얼굴색이 좋지 않더라니."

"그럼 이 노인이 갑자기 죽은 게 아니군."

몇 사람의 병사가 나름대로 노인의 시체를 보고 두런거리는 소리였다. 잠시 후, 또 다른 목소리가 들려왔다.

"죽은 게 확실합니다."

"흠, 그 동안 정신 나간 소리를 했지만 별 난동 없이 지내왔는데 갑작스런 일이군."

아마도 형무소장과 의사가 나누는 대화인 듯했다.

"이제 어떻게 할까요?"

"하던 대로 하게. 우선 자루에 노인의 시체를 담아 두게."

"시간은 언제가 좋을까요?"

"오늘 밤 안으로 처리하게."

이런 일은 늘 있던 일이라 그들은 별로 대수롭게 생각지 않는 눈치였다. 이 성 근처에 있는 무덤에 신부님의 시체를 묻으려는 것 같았다.

"자, 그럼 수고들 하게."

형무소장은 병사들에게 뒷일을 부탁하고는 이내 가 버렸다. 한 병사가 가지고 온 자루에 몇 명이 달라붙어 시체를 옮기는지 아무 소리가 들리지 않았다.

"휴, 이제 겨우 끝났군."

"그럼 우리도 이만 돌아가세. 밤이 깊어서 다시 한 번 와야 하니까."

"내가 남아서 보초를 설 테니 자네들은 가 보게."

그러자 다른 병사가 얼른 끼여들며 말을 막았다.

"무슨 소리야? 아, 죽은 시체가 발이 달려 걸어나가겠나? 아니면 하늘로 날아오르기라도 한단 말인가. 감방 문만 잠그고 나가면 되네."

"그런가? 하긴 시체 옆에서 보초를 서는 것도 우습군."

그들은 한바탕 웃어 대고는 서둘러 그 곳을 나갔다. 곧 문이 닫히는 소리가 둔하게 들려왔다. 다시 사방이 조용해졌다. 당테스는 다시 굴속을 기어 파리아 신부의 방으로 건너왔다.

조금 전 병사들이 자루에 넣어둔 터라 신부님의 얼굴을 더 이상 볼 수는 없었다. 그는 그 앞에 가만히 앉아 있었다.

신부님을 처음 만나던 날부터 굴을 파기 시작한 일이 차례로 떠오르고, 무지했던 자신을 위해 많은 지식들을 가르쳐 주던 일들이 서서히 지나갔다.

'그래, 나 혼자 살아서 무엇 하나. 신부님의 뒤를 따라 이 세상을 끝내는 거야.'

그는 끝없는 절망에 몸부림치며 자신을 허물어뜨렸다. 하지만 한편으론 이런 오기도 샘솟았다.

'아니야, 지금 이대로 죽을 순 없어. 난 아직 젊은데 내 스스로 목숨을 끊는다는 것은 비겁한 일이야. 만나야 할 사람이 내겐 있지 않은가. 아버지는 아직도 나를 애타게 기다리실 것이고, 나의 약혼자 메르세데스도 나를 잊지 않았을 거야. 그리고 나를 지옥에 몰아넣은 놈들에 대한 복수도 하지 않은 채 죽을 수는 없단 말이야. 이 곳을 빠져

나갈 수 있는 방법을 찾아야 해.'

두 주먹을 불끈 쥔 그는 파리아 신부가 누워 있는 곳을 바라보았다.

'신부님, 부디 제게 용기를 주십시오.'

그 때 어디선가 낯선 목소리가 들려왔다.

'이 곳을 나갈 수 있는 해답은 먼 곳에 있지 않다. 마음을 가다듬고 잘 생각해 보아라.'

마치 파리아 신부가 자신의 귀에 대고 이렇게 속삭이는 듯했다.

"그렇지!"

죽음의 문턱에서 살아나갈 방법이 번개같이 그의 머릿속을 스치고 지나가자 그는 자신도 모르게 외마디 소리를 질렀다.

'그래, 이 지옥의 성에서 살아서 나갈 방법은 없어. 그렇다면…….'

당테스는 자신이 죽은 시체가 되어야겠다고 생각했다. 즉, 파리아 신부 대신 자신이 자루 속에 몸을 숨기고 죽은 척하는 것이었다.

'하지만 땅 속에 묻히게 되면 그 땐 어떻게 하지? 또, 그전에 내가 신부님의 시체와 바꿔치기 한 것을 병사들이 혹시라도 알게 되는 날엔…….'

자신이 자루 속에 들어가게 되더라도 위험은 있게 마련이었다.

'들키는 한이 있더라도 일단 해 보는 게 좋겠어. 탈출 계획이 완벽하지는 않지만 성공할 확률도 높으니까.'

그는 즉시 실행에 옮기기로 작정했다. 자루를 풀어 파리아 신부를 자신의 방에 옮겨 와 침대에 가지런히 눕혔다.

'부디 저를 나쁜 놈이라고 욕하지 마십시오.'

당테스는 파리아 신부의 굳은 얼굴에 살짝 입을 맞추고는 이불을 머리끝까지 덮어 두었다. 그리고는 다시 신부의 방으로 돌아와 자루 속에 몸을 숨겼다.

'이제 병사들이 오기만 기다리자.'

자루 속에 들어가 있는 동안 긴장한 탓인지 두려운 생각이 온통 머릿속을 가득 채웠다.

'만약 무덤까지 운반되기 전에 병사들에게 들키는 날엔 신부님이 쓰시던 이 칼로 저들을 해치우고 도망가는 거야.'

그는 여러 가지 경우를 생각하며 얼른 시간이 흘러가기를 기다렸다. 어느덧 사람들의 발소리가 그의 귓전에 울려왔다.

'드디어 왔구나. 이제부터 정신을 바짝 차리자.'

초조하게 그들을 기다리던 당테스는 죽은 듯이 꼼짝 않고 자루 속에 누워 있었다.

"저 자루인가?"

"맞아. 자, 어서 들고 나가세."

방으로 들어선 그들 중 한 사람이 불빛을 비추는지 자루 속으로 빛이 새어 들어왔다. 한 사람이 자루의 주둥이 부분을 들고, 다른 사람이 끝을 잡았다.

"끙!"

"아휴, 무거워."

그들은 자루를 그 자리에 다시 내려놓았다. 순간 당테스는 바짝 긴장하지 않을 수 없었다. 여차 하면 자루를 칼로 찢고 달아날 생각이었다.

"자, 다시 한 번 들게."

"알았네. 그 위쪽을 번쩍 들게나. 쳇! 영감이 보기보다 꽤 무게가 나가는걸."

"히히, 자네 몰랐나. 원래 사람이 죽은 뒤 시간이 지날수록 무거워진다는 걸 모르는 모양이군."

그들은 농담처럼 몇 마디 주고받고는 힘을 써 자루를 들것에 실었다.

"자, 출발하세."

잠시 후, 지하 감옥에서 맡아 볼 수 없었던 바다 냄새가 자루 속에 스며 들어왔다.

'아, 얼마나 맡아 보고 싶어했던 냄새냐! 이 바람은 북풍이 틀림없어.'

선원의 직감이랄까 당테스는 왠지 이상한 기운을 느꼈다.

'이 쪽은 묘지로 가는 길이 아닌데. 왜 자꾸 파도 소리가 가까운 곳으로 들것을 옮기고 있는 걸까?'

갑자기 들것을 바닥에 내려놓았는지 철퍼덕 하는 소리가 들렸다.

"준비한 돌은 어디에 두었나?"

"여기 있네."

"단단히 매도록 해. 괜히 소장님에게 꾸중 들을 일은 하지 말고."

"어디 한두 번 해 보는 건가? 불이나 잘 비추고 있으라고."

무슨 영문인지 몰라 자루 속에서 꼼짝도 하지 않고 있으려니까 온몸이 저려왔다.

"이제 다 된 것 같군. 그럼, 저리로 자루를 옮겨 가도록 하세."

차가운 날씨 탓에 그들은 더 이상 자루가 무겁다고 불평하지 않았다. 오직 어서 일을 끝내고 돌아가려고 서두를 뿐이었다.

"이쯤이 좋은 것 같군. 그럼, 내가 신호를 할 테니 잘 듣고 있게."

"알았네."

"하나, 둘, 셋!"

셋의 신호가 떨어지자마자 자루는 공중에 휙 내던져지더니 그대로 바닷속으로 떨어지고 말았다.

"풍덩!"

절벽에서 떨어진 자루는 동여맨 돌덩이의 힘에 의해 아래로 당겨져 바닷물 속에 가라앉고 말았다.
"아, 살려 줘!"
그제야 자루가 운반되어 간 곳이 묘지가 아니라 바닷속인 것을 알아차린 당테스는 있는 힘껏 소리를 질렀다. 마치 피가 거꾸로 솟는 것처럼 온몸이 무언가에 빨려들어가는 느낌이었다.

보물이 있는 곳으로

깊은 바닷속에 가라앉은 당테스는 뱃사람답게 재빨리 칼을 찾아 자루를 이리저리 찢었다. 그리고는 자신의 다리 부분에 매어놓은 돌덩이마저 떼어 내기 위해 안간힘을 썼다.
'아, 이제 더 이상 숨을 참지 못하겠어. 이 끈만 끊어 낸다면 이 곳을 벗어날 수 있을 텐데. 제발…….'
이윽고 마지막으로 자신에게 매달렸던 돌덩이마저 잘라 낸 당테스는 물 위로 헤엄쳐 올라갔다.
"푸후!"
수면 위로 떠오른 그는 깊게 숨을 내쉬었다.
"하하, 이제 자유인가. 내가 해 냈구나."
그는 잠시 지옥에서 풀려난 기분을 마음껏 즐겼다. 이 무렵 바다 위에서는 거센 파도와 폭풍우로 인해 배 한 척이 뒤집히는 사건이 있었다.
선장과 선원들은 거의 물 속에 빠져 허우적대다가 대부분 목숨을 잃어 버렸다. 그로 인해 이프 성 주변에는 간간이 널빤지가 바다 위를 둥둥 떠다니고 있었다.
당테스는 널빤지에 몸을 의지하며 근처에 있는 섬을 향해 부지런히 헤엄을 쳐갔다.

'헉헉, 조금만 가면 티브랑 섬에 닿을 거야. 곧 날이 밝으면 시체가 뒤바뀌었다는 걸 안 병사들이 눈이 벌개 나를 찾으려고 난리가 나겠지. 그전에 부지런히 그들에게서 되도록 멀리 벗어나야 해.'

그러는 사이 수평선 너머로 붉은 해가 서서히 떠올랐다.

'아, 드디어 날이 밝는구나. 곧 성 안이 발칵 뒤집힐 텐데……. 아직 지옥의 성에서 그다지 멀리 온 것 같지 않은데, 이제 더 이상 헤엄칠 기운이 없으니 큰일이군.'

지금 당테스가 헤엄쳐 가려는 티브랑 섬 근처에는 소위 밀수선이라는 배들이 자주 지나다니곤 했다.

오늘도 마르세유 항을 세관들 몰래 출발한 밀수선 한 척이 유유히 티브랑 섬 주변을 지나가고 있었다.

"선장님! 저기 웬 사람이 바다 위에 떠 있는 게 보입니다."

"그래? 어디 보자. 자네 말이 맞군."

"어떻게 할까요?"

"일단 산 사람이니 배로 끌어올리게."

그 때 바다 위를 표류하던 당테스 역시 지나가는 배를 발견하고는 앞뒤 재지 않고 소리쳐 구원을 청했다.

"도와주시오!"

마음 한 구석에는 혹시 이프 성에 있는 자들과 한패일지도 모른다는 생각도 했지만, 그건 운명에 맡기기로 했다. 이미 그는 더 이상 바다 위에서 버텨낼 힘이 없을 정도로 지쳐 있었던 것이다.

곧 밀수선에서 내려진 작은 보트에 건져 올려진 그는 이미 탈진한 상태였다. 밀수선에 옮겨 타고는 그만 정신을 잃고 말았다.

시간이 흘러 어렴풋이 정신을 차리자 그에게 선원들이 몰려 왔다.

"휴, 내가 아직 살아 있군."

혼잣말을 중얼대며 막 몸을 일으켜 세우는데, 선원들 중 나이가 지긋한 사람이 앞으로 썩 나섰다.

"무슨 일로 바다 위를 떠다니고 있었는가?"

"아, 먼저 저를 구해 주셔서 감사합니다. 저는 몰타 출생의 뱃사람입니다. 어제 갑작스런 폭풍우로 인해 타고 왔던 배가 난파되어 이 지경이 되었습니다. 참, 동료들은 어떻게 되었나요?"

"난파선의 흔적이 보이기는 했지만, 나머지 선원들의 모습은 보질 못했소."

그는 천연덕스럽게 밀수선의 선장과 선원들에게 거짓말을 했다. 그러자 선원들 틈에 섞여 있던 한 사람이 대뜸 이렇게 물었다.

"자네 나이가 몇 살인지는 모르지만 그 수염과 머리의 길이를 보니 한 십 년 정도는 손질을 하지 않은 것 같군."

비로소 에드몽은 그들이 왜 자신을 경계의 눈빛으로 바라보고 있는지 짐작할 수 있었다.

"하하, 이 수염과 머리 때문에 놀라셨나 보군요. 난 특이한 버릇이 있어 무슨 일을 작정할 때면 수염과 머리 손질을 하지 않는답니다. 노트르담 성당에서 맹세한 날이 벌써 10년째로군요."

"말도 안 되는 소리 같군. 그건 그렇고 자네는 뱃사람이라고 했는데, 어디 그 실력 좀 보여 줄 수 있나?"

"좋습니다. 이 곳 지중해라면 얼마든지 자신 있습니다."

과거 일등 항해사답게 당테스는 리부른으로 향하는 지름길로 배의 키를 잡았다. 밀수선은 방향을 바꾸자 물살을 가르며 쏜살같이 달렸다.

"흠, 선원이라는 말이 거짓은 아닌 것 같군. 아니, 솜씨가 매우 좋은 편이네. 자네, 우리 배에서 일할 생각 없나?"

조금 전까지 당테스의 모습을 보고 성에서 도망쳐 나온 죄수가 아닐까 하고 의심하던 선장은 태도가 완전히 달라졌다.

"아, 그거 듣던 중 반가운 소리군요. 저를 써 주신다면 기꺼이 이 배에서 일하고 싶군요."

"이봐, 자코포. 이 사람에게 옷과 먹을 것을 좀 가져다 주게. 아마 몹시 배가 고플 테니까."

밀수선의 털보 자코포는 어디론가 사라지더니 곧 당테스가 먹을 빵과 술을 가지고 돌아왔다.

"자, 어서 먹게. 술을 좀 마시면 얼었던 몸이 풀릴 테니 같이 먹도록 하시오."

"고맙습니다."

당테스는 허겁지겁 먹기 시작했다. 그 때였다.

"쾅!"

배고픔에 빵을 입 안 가득히 넣고 씹고 있던 당테스는 대포가 터지는 소리가 들리자 그만 겁이 덜컥 났다.

'드디어 내가 없어진 줄 알아차린 모양이군. 근처에 있는 섬들을 먼저 수색하겠지. 그리고는 지나가는 배들도 경계를 할 테고 말이야.'

이 밀수선의 노련한 선장 역시 당테스를 혹시나 하는 마음으로 의심하고 있었다.

"저 소리는 성에서 죄수가 달아났음을 알리는 신호인데."

"아니, 저 이프 성이라면 살아서 돌아온 사람이 없을 정도로 경비가 철저한데 어떤 놈이 도망쳐 나왔을까요?"

선장의 짐작에 곁에 서 있던 선원 한 명이 대단한 놈이라고 혀를 내둘렀다.

"일만 잘해 준다면 죄수든 뭐든 아무 상관이 없다. 우리 역시 훌륭한 시민들이라고는 할 수 없으니까.”

선장이 단호하게 말을 하자 그제야 고개를 움츠리고 있던 당테스는 안심을 했다.

“저, 오늘 날짜를 가르쳐 주겠소?”

“흠, 2월 28일이오.”

옆에 있는 털보 선원 자코포에게 슬쩍 말을 건 당테스는 그 동안 얼마나 세월이 흘렀는지 궁금했다.

“올해가 몇 년이오?”

그러자 무심결에 대답을 해 주었던 자코포는 의심쩍은 눈으로 당테스를 건너다보았다.

“지금 농담하는 거요?”

“아니, 아니오. 배가 난파되면서 머리를 다친 듯하오. 생각날 듯하면서 기억이 나지 않아 물어 보는 것이오.”

“하긴 충격이 너무 크면 그럴 수도 있겠군. 지금은 1829년이오.”

“아!”

당테스는 자신도 모르게 탄식이 흘러 나왔다.

‘그럼 내가 저 지옥의 성인 이프 성에 14년 동안 갇혀 있었단 말인가? 아, 지금쯤 아버지와 나의 신부는 어떻게 됐을까? 또, 자신들의 행복을 위해 나를 14년 동안 가둔 장본인들은 지금 무얼 하며 지내는 걸까? 앞으로 내 삶은 그들에게 복수하기 위해 존재하는 것이다. 어디, 기다려라!’

그토록 오랜 세월을 감옥에서 썩어야 했던 자신을 생각할수록 그들에 대한 분노는 점점 커져만 갔다.

이윽고 밀수선은 리부른에 도착하여 닻을 내렸다. 당테스가 짐작한 대로 그 배는 당국의 눈을 피해 여러 물건을 교환하며 이익을 보았다.

“육지에 발을 내딛는 것이 얼마 만인가? 아, 이제 나는 완전한 자유를 찾았구나!”

그는 이프 성을 빠져 나와 사람들이 오가는 거리를 걸어다니고 있는 자신의 모습이 낯설었다. 처음 얼마 동안은 병사들이 그를 쫓아오지나 않을까 하여 잔뜩 긴장했었다.

“이봐! 이 곳에 온 김에 이발이나 하지.”

자코포는 당테스의 머리와 수염이 지저분해 보였던지 불쑥 말했다.

“그러지.”

그는 리부른에 와 본 적이 있었기 때문에 이발소가 어디쯤 있는지 잘 알고 있었다.

“안녕하시오?”

“어서 오십시오.”

이발사의 안내를 받아 의자에 걸터앉은 당테스는 혹시나 하는 마음으로 이발사를 바라보았다.

‘음, 나를 못 알아보는 모양이군. 성에 갇히기 전까지는 이 곳에 올 때면 가끔씩 들르던 곳인데.’

이런 생각을 하면서 앞에 있는 거울을 바라다본 당테스는 흠칫 어깨를 떨었다. 거울 속에 비친 자신의 모습이 너무나 변해 있었다. 스무 살이었던 젊은 청년의 모습은 사라지고 어느 덧 얼굴 곳곳에 잔주름이 보였다. 게다가 얼굴색은 환자에 가까울 정도로 창백했다.

‘아, 저 사람이 나란 말인가?’

하지만 젊은이의 패기가 사라진 대신 그는 파리아 신부님에게 얻은 많은 지식으로 말미암아 총명한 두 눈과 자연스럽게 몸에 밴 지성을 갖게 되었다.

‘세상이 변했듯이 나도 변해야겠지. 14년 전에 나를 안 사람들은 거의 나를 알아볼 수 없겠군. 나 자신조차 낯선 얼굴을 거울 속에서 발견해야 했으니 말이야. 그래, 이게 오히려 잘된 일인지도 몰라. 나를 망가뜨린 그들에게 철저히 복수를 하려면 나를 몰라 보는 게 훨씬 수월할 거야.'

성에 들어간 뒤로 한 번도 손질한 적이 없던 머리와 수염은 싹둑 잘려져 나가고 깔끔한 모습이 거울 속에 나타났다.

그 뒤로도 당테스는 그 배에서 항해사로 계속 일을 했다. 그가 탄 밀수선은 가끔 가다 몽테크리스토 섬을 지나쳐가기도 했다.

'저 곳이 파리아 신부님이 말씀하신 섬이로군. 언제쯤 저기에 가 볼 수 있을까?'

당장 배를 살 큰돈이 없는 그는 밀수선에서 그 섬에 정박할 날만 손꼽아 기다리고 있었다. 기다리면 언젠가는 때가 온다고 했던가. 드디어 그에게 기회가 왔다.

이 밀수선과 거래하던 또 다른 밀수선이 몽테크리스토 섬에서 물건을 교환하기로 약속을 한 것이다.

'아, 침착하게 행동하자. 다른 선원들이 눈치채지 못하도록 자연스럽게 나 혼자 있는 시간을 만드는 거야.'

몇 척의 밀수선들은 어두운 밤을 이용하여 거래를 시작했다. 당테스가 탄 배의 선장은 일을 모두 끝낸 뒤, 이 곳에서 하룻밤을 지낼 거라고 선원들에게 일렀다.

잠자리에 든 당테스는 흥분된 기분을 누를 길 없어 잠이 오질 않았다.

'그래, 내일 일을 꾸미는 거야. 신부님이 일러 준 보물이 정말 이 곳에 있을까?'

곁에서 잠든 줄 알았던 자코포가 나지막이 물었다.

"이봐, 무슨 걱정거리라도 있나? 왜 그렇게 뒤척이는 거야?"

"자코포로군. 나 때문에 잠을 깼나? 미안하군. 자네도 이 섬에 와 본 적이 많겠군."

"당연하지. 이 섬의 지리도 웬만큼 알고 있다네."

"그래?"

호기심이 생긴 당테스는 자코포를 슬쩍 떠보았다.

"이 섬에 동굴이 그렇게 많다며?"

"체, 누가 그런 소리를 하던가? 순 엉터리 같으니라구. 이 섬에 동굴 따위는 없어."

"뭐? 그게 정말인가?"

내일 보물을 캘 생각을 하며 우연히 물어 본 말에 자코포에게 실망스런 대답을 듣자 당테스는 풀이 죽었다.

다음 날 날이 밝자, 선원들은 아침식사 준비를 하느라 요란을 떨었다.

"내 총 솜씨도 보여 줄 겸 사냥을 하고 오겠네."

사냥총을 둘러멘 당테스는 이렇게 한 마디 남기고 섬의 우거진 숲 속으로 달려갔다. 그러자 이젠 당테스와 마음이 잘 맞는 털보 자코포가 덩달아 나섰다.

"같이 가세."

두 사람은 숲속을 이리저리 돌아다니며 산양을 잡았다. 노력한 보람이 있어 한 마리의 커다란 산양을 잡을 수 있었다.

"여보게, 자네는 이걸 가지고 돌아가게."

"왜? 같이 가지 않고."

"저쪽에서 먹음직한 놈을 봐 두었네. 그 놈마저 잡아 가지고 갈 테니 먼저 가 있게."

"이제 곧 이 섬을 떠날 준비들을 할 텐데. 다음 기회에 사냥을 더 하기로 하고 함께 돌아가세."

당테스의 속마음을 알지 못하는 자코포는 눈치 없이 함께 가자고 졸랐다. 할 수 없이 잡은 산양을 둘러메고 돌아오는 길에 당테스는 꾀를 내었다. 앞서서 가던 자코포는 연신 휘파람을 불어대며 앞장을 섰다.

"아얏!"

뒤따라오던 당테스는 털썩 소리를 내며 그 자리에 주저앉고 말았다. 동료 선원들이 있는 곳에 거의 다 이를 즈음이었다.

"무슨 일이야?"

"아……. 발을 삔 것 같아."

바닷가 근처에 있는 뾰족한 바위를 건너뛰던 당테스는 그만 헛발을 내디뎌 발을 삐고 말았다.

"이런, 조심하지 않고. 잠시 기다리게. 내가 사람을 불러올 테니까."

곧 떠날 채비를 하던 선원들이 우르르 몰려왔다. 그들 곁에서 선장이 앞으로 나와 당테스의 발을 이리저리 살펴보았다.

"자, 저리로 움직여 보게."

"악! 너무 아파 움직이지 못하겠어요."

"이런, 단단히 다친 모양이로군. 자, 들것을 가져와 당테스를 배로 옮기도록 하게."

선장의 명령이 떨어지자, 당테스는 그럴 것 없다고 손을 내저었다.

"아니, 어차피 배로 돌아가도 이번 항해에는 내가 별 도움이 될 것 같지 않으니, 나를 그냥 이 곳에 놓아 두었다가 일이 끝나고 지나가는 길에 태워 주시는 게 좋겠군요."

평소 다른 사람에게 신세를 지는 것을 싫어하는 당테스의 성격을 잘 아는 선장은 애처로운 눈길로 고개를 끄덕였다.

"그럼, 자네 좋을 대로 하게. 그 대신 총과 음식을 충분히 놓아 두고

가겠네. 그 외에 뭐 필요한 것은 없나?"
"몸을 움직일 수 있을 때 쉴 곳을 만들 수 있도록 곡괭이 한 자루만 주십시오."
"좋아. 그럼 나머지 선원들은 모두 출항 준비를 서두르게."
그 때, 선장의 눈치를 보고 있던 자코포가 부탁을 했다.
"선장님, 저 사람이 다치게 된 것은 저에게도 책임이 있습니다. 다리가 불편한 저 사람과 함께 이 곳에 남도록 허락해 주세요."
"그야 어려운 일은 아니지만……."
일이 틀어질 수 있다고 느낀 당테스가 얼른 나섰다.
"그럴 필요 없어, 자코포. 나 혼자서도 충분해. 이 배에서 네가 맡은 일을 소홀히 해서는 안 되네."
결국 그들은 당테스만 홀로 남겨 둔 채 몽테크리스토 섬을 떠났다.
"아, 드디어 나 혼자 이 섬에 남게 되었다."
기쁜 마음에 그는 자리에서 벌떡 일어섰다. 다리가 삐었다고 선장과 선원들을 속인 것은 홀로 이 섬에 남기 위한 당테스의 작전이었다.
그는 이 섬의 지리를 알기 위해 사방으로 돌아다녔다. 아직 잘 알려지지 않은 곳이라 사람의 흔적이 별로 없었다.
"흠, 동쪽 해안에서 세어 스무 번째 바위라고 했지."
파리아 신부에게서 들은 대로 그는 차근차근 바위들을 세어 나가기 시작했다. 제법 큰 바위들을 하나씩 지나쳐가자 둥글고 넓적한 바위 앞에 다다랐다.
'이 바위가 틀림없어. 그런데 저렇게 큰 바위를 어떻게 움직이지?'
그는 바위 곁으로 다가가 있는 힘껏 옆으로 밀어 보았다.
"휴, 꿈쩍도 하지 않는군."
기운이 떨어진 당테스는 바닥에 털썩 주저앉아 잠시 그대로 있었다.

'내 힘으론 안 될 것 같은데. 도구를 써서 움직여 보도록 하자.'

가지고 있던 곡괭이를 바위 근처에 대고 몇 번씩 쪼아 보았다. 그러자, 바위 곁을 메우고 있던 작은 돌멩이들이 하나 둘씩 떨어져 나갔다. 그 순간 큰 바위는 경사진 곳을 따라 아래로 스르르 움직였다.

"이럴 수가……."

큰 바위가 움직이고 난 그 곳에는 사람이 들어갈 만한 동굴 입구가 나타난 것이다. 스파다 가문의 보물이 거짓이 아님을 당장 확인이라도 한 듯 당테스의 가슴은 마구 방망이질치기 시작했다.

그는 조심조심 굴 안으로 들어갔다. 손을 짚어가며 굴속으로 들어간 그 앞에 막다른 벽이 나타났다.

"이런, 이 굴은 다른 동굴과 별로 다를 것이 없는 것 같은데. 분명 스파다 가문의 기도서에는 제2의 동굴이 있다고 했는데……."

갑자기 막혀 버린 굴속에서 어찌 할 바를 모르고 두리번거리던 그에게 한 가지 생각이 떠올랐다.

'그래, 이 벽은 사람들을 속이기 위해 만들어 놓은 건지도 몰라.'

여기까지 생각이 미치자 그는 주먹을 쥐고 벽을 두드려 보았다. 역시 한쪽 벽은 비어 있는지 울림이 크게 들려왔다.

"여기다!"

손에 들고 있던 곡괭이를 벽을 향해 내리치자, 그를 가로막고 있던 벽은 쉽게 무너져 내렸다. 제2의 동굴을 발견한 그는 주저없이 그 곳으로 들어섰다.

그 곳은 몹시 어둡고, 숨이 막힐 정도로 공기가 몹시 탁했다. 당테스는 그 곳에서 구덩이를 발견하고 파내려 가기 시작했다.

잠시 후, 곡괭이에 무언가 철커덕 하고 걸리는 것이 있었다. 순간 당테스는 숨이 멈출 것 같았다.

“있다! 구덩이 안에 무언가 있어.”

들고 있던 곡괭이를 한 쪽에 내팽개친 그는 서둘러 흙을 손으로 헤쳐 나갔다. 곧 커다란 궤짝이 그의 눈앞에 나타났다.

궤짝의 뚜껑에는 S라고 쓰여진 영문자가 보였다. 아마도 스파다 가문을 상징하는 표시라고 짐작한 당테스는 살며시 뚜껑을 열었다.

“와!”

눈부시게 영롱한 빛에 그는 그만 눈을 뜰 수가 없었다.

‘파리아 신부님의 이야기가 사실이었어. 봐, 내 눈앞에 저렇게 아름다운 빛을 내며 쌓여 있지 않은가.’

하지만 너무도 믿어지지 않은 사실에 꿈일지도 모른다는 생각이 든 당테스는 자신의 허벅지를 살짝 꼬집어 보았다.

“아얏!”

꿈이 아니었다. 그는 상자 안을 천천히 들여다보았다. 칸칸이 나누어진 궤짝에는 금화와 금덩이, 온갖 보석들이 고루 갖추어져 있었다.

그는 손을 뻗어 보물들을 만져 보고, 걸쳐 보고 비벼도 보았다. 궤짝 안에 있는 것들은 돈으로 따질 수 없을 정도였다.

"오, 하느님 감사합니다. 파리아 신부님 감사합니다. 이 모든 게 신부님 덕택입니다."

당테스는 시간이 가는 줄도 모르고 보물 상자 옆을 떠날 줄을 몰랐다. 그렇게 하루가 지나고 다음 날이 되었다.

'아, 날이 밝아오는군.'

동굴 근처에 자리를 잡고 잠을 청한 당테스는 자는 둥 마는 둥 하며 날을 지새웠다. 그는 우선 한 동안 필요한 보석 몇 개를 챙긴 채 보물을 다시 묻어 두었다.

'보물 상자는 나중에 다시 실어가기로 하고 흔적 없게 잘 덮어두자.'

몽테크리스토 섬에 홀로 남아 있은 지 사흘째 되는 날에 밀수선은 다시 그 곳으로 돌아왔다. 당테스는 선원들과 인사를 나누며 그 배에 다시 올랐다.

"그 동안 고생이 많았겠군."

"아닙니다. 선장님이 두고 가신 음식 덕택으로 별탈 없이 잘 지냈어요. 저……."

"왜 내게 할말이라도 있나?"

"예, 이제 그만 고향으로 돌아가고 싶습니다."

"그럼 이 배를 그만 타겠다는 소리군. 그 동안 자네가 있어 우리 배가 안전하게 항해할 수 있었는데, 좀 섭섭하구만."

선장은 뜻하지 않은 당테스의 결심에 서운한 마음이 앞섰다. 며칠 뒤, 당테스는 털보 선원 자코포와 함께 배를 떠났다.

"이제 어디로 가지?"

"후후, 걱정하지 말게. 자네는 앞으로 나만 믿고 따르면 되네."

자코포는 서운한 마음에 당테스를 따라오기는 했어도 앞일이 걱정되었다. 하지만 당테스는 아랑곳하지 않고 싱글벙글 웃으며 대답했다.

배에서 내린 당테스는 섬에서 가지고 온 보석을 팔아 배를 샀다.

"자코포, 이 배의 주인은 바로 너야."

"뭐라고? 지금 무슨 소리를 하는 거야? 자넨 이런 배를 사려면 돈이 얼마가 있어야 하는지 알고 하는 소리야?"

하지만 당테스의 말은 거짓이 아니었다. 분명 그 배를 산 사람은 당테스였고, 배의 주인은 자코포로 되어 있었던 것이다.

"당테스, 하루 사이에 자네가 돈벼락을 맞은 건가?"

"하하하! 그럴지도 모르지. 솔직히 말하자면 예전에 돌아가신 숙부님의 재산을 물려받은 행운아가 바로 나란 말이야."

"와, 정말인가? 그렇다면 축하할 일이로군."

단순하기 짝이 없는 자코포는 당테스가 둘러대는 말을 사실 그대로 받아들였다.

"이 배를 타고 할 일이 있어. 마르세유로 가서 내가 부탁한 사람들에 관해 알아봐 줘."

"자네와 아는 사이인가?"

"응, 루이 당테스라고 하는 노인과 메르세데스란 아가씨의 행방에 대해 알아보게. 그런 뒤에 몽테크리스토 섬으로 오게. 내가 거기서 기다리고 있을 테니까."

"그렇게 하지."

자코포가 떠나고 난 뒤, 당테스는 다시 훌륭한 배를 한 척 사서 몽테크리스토 섬을 향해 출발했다.

하루가 지나자 심부름을 갔던 자코포가 그 섬으로 돌아왔다.

"어떻게 좀 알아보았나?"

"자네가 가르쳐 준 곳에 가서 사람들에게 물어서 알아 낸 사실은 별로 좋지 않은 것들뿐이네."

"뜸들이지 말고 어서 들은 대로 말해 주게."

"루이 당테스란 분은 이미 오래 전에 세상을 떠나셨다네. 그리고 자네가 알아봐 달라는 아가씨도 행방이 묘연하다고 하는군."

대강 짐작은 하고 있었지만 아버지와 메르세데스의 소식을 확인하는 순간 당테스는 왈칵 눈물이 솟구쳤다.

"아, 아버지……."

잠시 비통해하던 당테스는 마음을 굳게 먹었다.

"내일은 내가 직접 마르세유로 들어가 보겠네. 날이 밝는 대로 자네는 떠날 준비를 하게."

당테스는 그토록 꿈에도 그리던 집이 있는 곳으로 항해를 시작했다. 그 동안 리부른에서 만들어 둔 신분증을 가지고 무사히 마르세유에 도착할 수 있었다

'분명 내가 집으로 가는 길을 걷고 있는 걸까? 10년이 넘는 세월 동안 이 마을은 크게 변한 것 같지 않군.'

옛 생각을 하며 집으로 가는 당테스는 설레는 마음을 가눌 수 없을 정도였다. 그가 살던 옛집은 그대로 남아 있었으나 아버지는 이미 그곳에 없었다.

"혹시 이 곳에 살던 루이 당테스란 분에 대해 알고 있는 게 있나요?"

자신이 살던 건물을 관리하고 있던 관리인을 찾아간 당테스는 조심스럽게 물었다.

"그 분이라면 돌아가신 지 오래됐소. 아마 하나 있는 아들을 애타게

기다리다가 병을 얻어 그렇게 됐다지."

당테스는 아래 층에 세들어 살던 카드루스를 만나면 아버지에 관한 일들을 좀더 자세히 알 수 있을 것 같아 그의 소식을 물었다.

"이 아래층에 살던 카드루스 씨를 알고 계시나요?"

"아, 양복점을 하던 카드루스 씨 말이지?"

"맞습니다. 지금 어디에서 살고 있나요?"

"나도 얼마 전에 마을 사람에게 들은 이야기인데, 여기서 조금 떨어진 시골 마을에서 여관을 한다더군."

고개를 숙여 고맙다는 인사와 함께 그는 그 집을 나왔다. 당테스는 건물 주인을 찾아 몇 배의 돈을 지불한 뒤, 영국인 윌모어란 이름으로 아버지가 살던 건물을 사들였다.

은인을 찾아서

여름이 한창일 무렵이었다. 마르세유에서 그리 멀지 않은 곳에 있는 한 여관은 손님이 뜸해서인지 썰렁해 보이기까지 했다.

"어휴, 더워. 이 장사도 못해 먹겠군."

여관 주인으로 보이는 사나이는 연신 투덜대며 불평을 해댔다. 나이는 마흔 살이 조금 넘어 보이는데 인상이 그리 좋아 보이지 않았다.

이 때 그의 눈에 한 손님이 말을 타고 자신의 여관으로 들어서는 것이 보였다. 그는 쏜살같이 달려나가 손님을 맞아들였다.

"헤헤, 어서 오십시오."

말에서 내리는 사람은 검은 옷을 입은 신부였다.

"자, 안으로 들어가시죠."

"사람을 좀 찾으려고 하는데……."

여관 손님이 아닌 걸 안 주인은 순간 표정이 확 변해 버렸다. 그리고 퉁명스럽게 대꾸했다.

"난 이 곳 사람이 아니니 딴 데 가서 알아보시오. 쳇!"

"내가 찾는 사람은 마르세유에서 양복점을 한 적이 있던 카드루스 씨라는 분입니다만 혹시 들은 적이 없나요?"

"지금 누구라고 했소?"

여관 주인은 그제야 신부를 바라다보며 되물었다.

"카드루스 씨를 알고 계신가요?"

"물론이죠. 제가 예전에 마르세유에서 양복일을 했던 카드루스입니다만……."

"그렇습니까? 바로 찾아왔군요."

"그런데 무슨 일로 저를 찾으십니까?"

"이야기가 길어질 것 같으니 우선 안으로 들어가서 자리를 잡고 말씀 드리겠소."

여관 주인 카드루스는 어안이 벙벙해져 신부님을 안으로 모셨다.

"여기에 온 까닭은 에드몽 당테스란 사람의 부탁을 받고 왔소."

"옛? 에…… 에드몽 당테스라고요?"

순간 여관 주인의 얼굴은 당황하는 기색이 역력했다.

"우선 내 신분부터 밝히겠소. 난 푸조니 신부라고 합니다. 당테스가 감옥에서 눈을 감을 때 그 곁을 지키고 있었소."

"그가 죽었단 말씀입니까?"

"그렇소. 그는 자신의 죽음을 지켜본 내게 유언을 남기었소. 억울하게 죽는다며 이프 성에 갇힌 자신의 일을 알아봐 달라고 했소."

"이미 10년 이상이 흐른 일을 지금와서 어떻게 알아볼 수 있단 말이오? 또 설사 비밀이 밝혀진다고 해도 무슨 소용이 있겠소."

카드루스는 고개를 흔들며 더 이상 신부의 말에 대꾸하려 하지 않았다. 순간 신부는 눈을 번쩍이더니 품에서 무언가를 꺼내 보였다.

"이건 그의 유품입니다."

"이, 이건 다이아몬드가 아니오?"

가까이에서 본 적이 없을 만큼 큰 다이아몬드가 그의 앞에서 영롱한 빛을 내며 반짝이고 있었다.

"그렇소. 이건 당테스와 같은 감옥에 갇힌 죄수가 자신을 잘 돌봐 준 대가로 그에게 선물한 것이오. 당테스는 숨을 거두면서 이제 자신은 이 다이아몬드가 필요 없다고 하면서 자신의 아버지와 약혼녀, 그리고 세 사람의 친구들에게 나누어 달라고 했소."

보석을 본 카드루스는 욕심이 났는지 조금 전과는 달리 말투가 부드러워졌다.

"세 친구라면 누구를 말하는지 아십니까?"

그 속에 혹시 자신이 들어 있지 않을까 하는 기대감으로 푸조니 신부를 향해 이렇게 물었다.

"물론 당신도 포함되어 있소. 나머지 두 사람은 아마 당그라르와 페르낭이라고 한 것 같소."

"당테스는 정말 아무것도 모르는군."

"무얼 모른단 말이오?"

"자신을 함정으로 몰아넣은 사람들이 누구인지도 모른단 말입니다."

푸조니 신부의 눈은 자신이 알고자 하는 바를 이 사나이가 모두 말해 줄 거라는 기대감에 번쩍였다.

"그전에 당테스의 아버지에 대한 이야기를 듣고 싶습니다만……."

"그분은 돌아가셨어요. 그것도 굶어 죽었답니다."

"지금 뭐라고 하셨나요? 굶어 죽다니요?"

카드루스의 이야기를 들은 신부는 두 눈이 뒤집힐 지경이었다. 만약 카드루스가 유심히 신부의 놀란 모습을 봤더라면 이상히 여겼을 것이지만, 그는 지금 눈앞에 놓여 있는 보석에 온통 마음이 집중되어 있는 터라 다른 것에는 관심이 없었다.

"당테스의 아버지를 도울 만한 사람이 아무도 없었나요?"

"그렇지는 않습니다. 모렐 씨란 분과 당테스의 약혼녀 메르세데스가 늘 신경을 써 주며 찾아오곤 했지요. 하지만 시간이 지나가도 아들에 대한 소식이 없자, 그는 사람이 찾아오는 것을 외면한 채 통 먹지를 않았던 거지요."

"그래서 결국은……."

"모렐 씨란 분이 그 뒤에 꽤 두툼한 지갑을 당테스의 아버지를 위해 문 앞에 놓아 두고 갔죠. 결국 그 돈 덕분에 그 사람이 죽은 뒤에 장사는 훌륭히 지낼 수 있었지요. 그 지갑은 기념으로 내가 가지고 있기는 합니다. 신부인 메르세데스는 당테스의 아버지에게 친절하게 대해 준 모렐 씨를 늘 고마워했습니다."

"그럼 이제 나머지 두 사람의 친구에 대해 말해 주세요."

카드루스는 잠시 머뭇거리는 눈치였다. 하지만 무슨 생각이 들었는지 신부에게 한 가지 제안을 했다.

"만약 그 두 사람이 당테스를 배신한 사실이 드러나면 저 보석을 나누어 가질 자격이 없게 되는 건가요?"

"잘 알고 있군요. 당신 말대로입니다."

"그럼 말씀드리지요. 그전에 이 이야기는 비밀에 부치겠다고 약속을 해 주세요. 그 두 사람이 지금은 대단한 위치에 있는 터라, 만약 이런 이야기가 내게서 흘러나왔다는 것을 알게 되는 날엔 제 목숨이 위태로울 테니까요."

"물론 비밀을 지키겠소."
혹시 누가 엿들을지 모른다는 생각에 카드루스는 목소리를 낮추었다.
"결론부터 이야기하자면 당테스를 저 지옥의 성에 가두어 놓은 것은 바로 친구라고 생각하고 있는 당그라르와 페르낭입니다."
"넷?"
푸조니 신부는 눈을 동그랗게 뜨며 소리쳤다.
"당테스와 같은 배의 선원이었던 당그라르는 당테스가 선장이 되는 것을 시기해 왔고, 페르낭이라는 사람은 당테스의 연인을 사랑하고 있었으니까요. 먼저 일을 꾸민 쪽은 당그라르인데, 그는 왼손으로 편지를 써서 당테스를 나폴레옹을 지지하는 열성파라고 검사국에 고발을 했답니다. 페르낭 역시 당테스가 미운 탓에 함께 일을 저지르게 된 거지요."
"그럼 그 당시 당신도 이 일을 알고 있었나요?"
"그게……."
카드루스는 머리를 긁적이며 말을 잇지 못했다.
"당그라르의 협박 때문이었어요. 당테스가 결혼식 피로연에서 병사들에게 붙들려 가는 것을 보고 제가 따지자, 그는 제가 입을 다물지 않는다면 역시 반역죄로 나를 고발하겠다고 엄포를 놓았어요. 물론 제게도 잘못이 아주 없다고 할 수는 없겠지만……."
"그랬군요."
신부는 카드루스의 입장을 이해한다는 듯이 고개를 끄덕였다.
"그 두 사람은 지금 어떻게 지내고 있나요?"
"다 잘됐지요. 당그라르는 모렐 씨의 주선으로 한 은행가의 서기가 되었다가 때를 잘 만나 스페인 전쟁 때 군대 물자를 잘 팔아 큰돈을 벌었지요. 그 뒤로 귀족의 딸과 결혼까지 하여 당그라르 남작이란 칭

호까지 얻어 호화롭게 살고 있다고 합니다."

"또 한 사람은?"

"페르낭 말씀이군. 그 사람은 억세게 운이 좋은 사람입니다. 나폴레옹 군대의 군인이 되었다가, 부대 상사를 따라 국왕 편에 서게 됐죠. 결국 나폴레옹이 물러나자 페르낭은 덕택에 소위로 진급을 하고 스페인 전쟁을 거치면서 대령까지 되었죠. 그 후로 터키의 알리 파샤를 도와준 대가로 큰돈을 벌어서 프랑스로 돌아와 이름을 아예 몰세르로 바꾸고 백작이 되었답니다."

카드루스는 자신이 아는 대로 숨김없이 이야기를 들려주었다.

"참, 깜빡 잊을 뻔했는데 당테스의 연인이었던 메르세데스의 소식을 알고 있나요?"

"당테스가 떠난 뒤 눈물로 세월을 보내며 지내다가 당테스의 아버지마저 세상을 떠나자 결국 페르낭의 아내가 되었죠. 페르낭과의 사이에는 아들 하나를 두었다고 들었습니다."

신부는 메르세데스의 소식을 들으며 가슴이 저려오는 것을 느꼈다. 하지만 이젠 아무 소용이 없다는 것을 깨달은 듯이 마지막으로 한 가지 더 물었다.

"한 가지 더 알고 싶은 것이 있소."

"뭔가요?"

"당테스가 끌려갔다는 검사국에서 만난 빌포르라는 검사에 대해 아는 게 있으면 말해 주시겠소?"

"빌포르 검사라면 지금 검찰 총장을 말씀하시는 모양인데, 그의 명성은 대단합니다. 권세가 있는 자들도 그 앞에서는 꼼짝도 못한다고 합니다. 당테스의 편지를 국왕에게 보고한 뒤로 신임을 얻고 그 뒤로 빠른 출세길을 달렸다는 소문이 있기는 합니다만, 더 자세한 것은 모르겠습니다."

"흠, 지금까지 모든 일을 자세히 들려주어서 고맙소. 그 대가로 이 보석은 당신 몫이오. 다른 사람들은 이 보석을 가질 자격이 없는 것 같구려."

보석을 건네받은 카드루스는 입을 헤 벌리면서 좋아했다.

"정, 정말입니까?"

"물론이오. 그 대신 부탁이 있소."

"무슨……?"

"아, 긴장할 것 없소. 당신이 간직하고 있다고 했던 모렐 씨의 지갑을 내게 주시겠소? 그 다이아몬드를 당신에게 준 기념으로 말이오."

"드리고말고요. 여기서 잠시만 기다리시오."

그는 잽싸게 안으로 들어가 지갑 하나를 들고 나타났다. 신부는 마치 귀한 보물을 다루듯 그 지갑을 어루만졌다.

며칠 뒤, 한 영국 신사가 마르세유의 시장님을 찾아왔다.

"안녕하십니까? 전 영국의 톰슨 상회의 대리인입니다."

"무슨 일로 나를 찾아온 게요?"

"모렐 상회의 신용도를 알아보기 위해서입니다. 우리 상회는 모렐 상회와 거래를 하고 있는데, 요즘 그 곳의 사정이 좋지 않다고 해서 확인차 왔습니다."

"모렐 씨라면 이 곳에서 꽤 평판이 있는 분으로 알고 있는데, 사실 그 사람의 재정 상태가 어떤지는 나도 알 수가 없소. 그 사람의 거래처를 찾아다니면서 직접 알아보는 것이 확실할 것 같군요."

"그럼 가지고 계신 자료라도 보여 주시겠어요?"

톰슨 상회의 대리인이라는 영국 신사는 모렐의 여러 거래처를 다니면서 모렐 상회가 진 빚을 갚아 주고는 영수증을 받았다.

모렐 상회와 거래를 하던 상회들은 그 동안 돈을 받지 못할까 봐 속을 끓이고 있었다. 그런데 웬 영국 사람이 나타나 그 빚을 모두 갚아 주었으니 고마울 수밖에 없었다.

예전에 마르세유를 주름잡던 모렐 상회는 간 곳이 없고, 이제 겨우 이름만 유지한 채 겨우 지탱해 나갈 뿐이었다.

톰슨 상회의 대리인은 모렐 상회의 한 거래처로부터 다음과 같은 말을 들을 수 있었다.

"어쩌다 모렐 상회가 저렇게 몰락했소?"

"문제의 발단은 파라옹 호에 있던 한 선원 때문이지요. 에드몽이라던가 하는 사람이 첩자로 몰려 끌려들어가자 모렐 씨가 사방으로 다니면서 그를 구하려고 노력했지요. 그 덕에 모렐 씨조차 나폴레옹을 신봉하는 사람으로 정부에서 의심을 하기 시작했고, 결국 알게 모르게 압력을 가했지요. 엎친 데 덮친 격으로 물건을 잔뜩 실은 배가 여러 번 침몰하는 어려움까지 겪고 난 후 모렐 상회의 신용은 점점 땅에 떨어지게 된 거지요."

영국 사람인 톰슨 상회의 대리인이 모렐 상회를 찾았을 때, 사무실은 매우 조용했다.

'예전 같으면 사람들이 넘쳐났을 텐데.'

이렇게 생각하며 사무실 문을 열고 들어가자 두 사람의 모습이 눈에 들어왔다. 나중에 안 일이지만 한 사람은 회계 일을 보는 노인이었고, 또 한 사람은 모렐 씨의 딸 줄리의 약혼자인 엠마누엘이었다.

영국인은 회계사의 안내로 모렐 씨의 방으로 올라갔다. 도중에 한 아가씨를 보게 되었다.

"저 아가씨는 누군가요?"

"모렐 씨의 따님인 줄리 양입니다."

방에 들어서는 순간 영국인은 잠시 흥분된 표정이었다.
"안녕하세요?"
얼굴에 굵은 주름이 잡힌 모렐 씨는 뭔가에 쫓기듯 불안해 보였다.
"어떻게 오셨나요?"
"예, 저는 톰슨 상회의 대리인입니다. 여기 보시면 아시겠지만, 우리 상회에서 모렐 상회가 진 빚을 모두 갚았어요. 우리 상회와 거래를 하고 있는 프랑스에 30만 프랑을 대신 지불해 달라는 어음을 가지고 왔으니 살펴보십시오."
톰슨 상회의 대리인이 내미는 어음을 손에 쥔 모렐 씨는 한숨만 길게 내쉬었다.
"휴!"
"무슨 문제라도 있나요?"
사실 모렐 씨가 가진 돈은 30만 프랑에는 턱없이 부족했다. 이를 눈치챈 영국인은 조심스럽게 물었다.
"혹시 무슨 문제라도 있나요?"
"지금 가지고 있는 돈으로는 30만 프랑이나 되는 막대한 돈을 지불할 수 없소. 지금 항해중인 파라옹 호가 돌아온 뒤라야 확실한 대답을 드릴 수 있소."
"사정이 딱하게 됐군요."
모렐 씨의 사정 이야기를 듣고 난 영국인은 잠시 생각에 잠기는 눈치였다. 그 때였다. 누군가가 다급하게 뛰어오는 발걸음 소리가 들려왔다.
"아, 아버지! 어쩌면 좋아요."
"무슨 일이냐?"
모렐 씨의 딸 줄리가 문을 열고 들어섰다. 그녀의 얼굴은 하얗게 질려 있었다.

"파라옹 호가 그만 깊은 바닷속으로 가라앉고 말았대요."

"결국……."

이제 더 이상 희망을 걸 곳도 없어진 모렐 씨는 의외로 침착한 얼굴이었다. 그는 흐느껴 우는 딸의 어깨를 다독였다.

"배에 탄 선원들은 어찌 됐지?"

"다행히 모두 무사해요. 조금 전 보르도의 배로 도착했어요."

이 모습을 옆에서 지켜보고 있던 톰슨 상회의 대리인인 영국인은 모렐 씨 몰래 눈물을 훔쳤다.

"정말 다행이야. 우선 사람의 목숨이 제일 중요한 거야. 그들은 지금 어디 있는지 알고 있니?"

"아마 곧 이 곳에 도착할 거예요."

줄리의 말대로 잠시 후 파라옹 호의 선원으로 보이는 건장한 사나이들이 모렐 씨의 사무실로 우르르 몰려왔다.

"모렐 씨!"

"어서들 오게. 고생들이 많았겠군. 그런데 선장이 보이질 않는군."

"그게……. 선장님께서는 모렐 씨를 뵐 면목이 없다고 하면서 함께 오지 않았어요. 저희들도 마찬가지입니다만……."

"그렇지 않네. 부상자 없이 이렇게 살아 돌아왔으니 그 이상 뭘 더 바라겠나. 어떻게 된 일인지 이야기나 들려주게."

그러자 선원들 중 한 사람이 앞으로 나서며 이야기를 했다.

"폭풍우가 몰아치던 날, 저희들은 브랑 곶 근처를 항해하고 있었죠. 조금씩 내리던 비는 어느덧 굵은 빗줄기로 변하더니 곧 바람과 함께 휘몰아치기 시작했어요. 배에 가득 찬 물은 저희들이 발 벗고 나서도 줄어들지 않을 정도였어요. 이러다간 우리들 목숨도 살아남지 못한다는 것을 모두 알고 있었지만 최선을 다했죠. 그렇게 열 시간이 흘렀어요. 그제야 선장님은 구명 보트를 내리고 배를 버리고 옮겨 탈 것을 명령했어요. 우리들이 모두 탈출하고 난 뒤 파라옹 호는 결국 물 속으로 가라앉고 말았어요. 우리들은 바다에서 표류하다가 보르도의 배에 다행히 구조된 겁니다."

모렐 씨는 한 선원의 말을 귀담아듣고는 이내 격려했다.

"아마 나라도 그렇게 했을 거야. 배가 가라앉은 것은 자네들 잘못이 아니네. 그렇게 죄 지은 사람처럼 서 있지 말게."

그는 곧 회계사를 불러 선원들에게 얼마간의 돈을 주라고 지시했다.

"사장님, 그러시지 않아도 됩니다. 저희도 모렐 상회의 사정이 좋지 않다는 것은 대충 알고 있어요."

"아니네. 얼마 되지 않은 돈이지만 내 성의로 알고 받아 두게. 앞으로 사정이 나아지면 자네들을 다시 부르겠네."

모렐 씨는 빚에 쪼들려 있으면서도 선원들에게 얼마간의 임금을 주었다. 선원들은 눈물을 흘리면서 감사의 인사를 했다.

"부디 모렐 상회가 다시 일어서기를 빕니다."

그들이 사무실을 나가고 난 뒤, 모렐 씨는 비참한 얼굴로 영국인을 돌아다보았다.

"보신 바와 같습니다."

"흠, 정말 일이 어렵게 됐군요. 제가 어떻게 도와드리면 될까요?"

"그렇게 생각하신다면 제게 시간을 좀 주시겠소?"

"얼마 정도 시간을 드리면 되겠습니까?"

파산 직전까지 온 모렐 씨는 영국인의 배려에 조금 숨통이 트이는 것 같았다.

"두 달 정도 시간을 주시오. 제가 힘이 닿는 데까지 준비하겠소."

"그럼 3개월 기다리지요. 정확히 9월 5일 11시에 다시 뵙죠."

생각보다 넉넉한 시간을 준 영국인에게 모렐 씨는 고마움을 느꼈다.

"뭐라고 감사의 말씀을 드려야 할지 모르겠군요. 그 날까지 돈을 마련하도록 최선의 노력을 하겠소."

두 사람은 석 달 후에 다시 만날 것을 약속하고 작별 인사를 나누었다. 일어서서 사무실을 나가는 영국인의 뒷모습을 보면서 모렐 씨는 낮은 소리로 중얼거렸다.

"그 때까지 돈을 마련하지 못하면 당신을 다시 볼 필요가 없겠죠. 난 아마 이 세상에 없을 테니까."

모렐 씨의 사무실을 나오다가 창백한 줄리 양을 본 영국인은 말을 건넸다.

"왜 그렇게 떨고 있나요?"

"아버지가 곤란한 처지에 있어 걱정이 돼요. 우선 아버지께 돈을 마련할 시간을 넉넉히 주신 데 대해 감사의 인사를 드립니다."

"밖에서 이야기를 다 들었군요."

"일부러 엿들은 건 아니에요. 아버지가 걱정이 돼서……."

"아니, 핀잔을 주려던 게 아닙니다. 줄리 양, 약속 하나 해 주겠소?"

영국인은 혹시 모를 일에 대비하기 위해 수를 썼다.

"무슨 약속을……?"

"만약 신배드라는 사람으로부터 편지를 받게 된다면 그의 말대로 일을 처리해 주겠소? 아마 큰 어려움이 닥쳐왔을 때 큰 도움이 되리라고 생각합니다만."

"글쎄요. 지금으로서는 뭐라고 대답을 드릴 수 없어요."

"아버지를 도와드리고 싶지 않으세요?"

"좋아요. 아버지에게 도움이 된다면 그렇게 하겠어요."

"줄리 양은 훌륭한 아가씨로군요. 만나서 반가웠어요."

영국인은 싱긋 미소를 지어 보이고 모렐 상회를 떠났다. 파라옹 호가 침몰하고 난 뒤 궁지에 몰린 모렐 씨는 사방으로 돈을 구하기 위해 돌아다녔다.

"휴, 오늘도 허사로군. 이미 가지고 있는 재산도 없는데 뭘 믿고 나에게 돈을 빌려주겠는가. 그 사람들이 거절하는 것도 당연하지."

다른 사람을 원망하지 않는 모렐 씨는 한숨만 내쉬었다.

'그래, 전에 내가 데리고 있던 당그라르를 찾아가 봐야겠다. 내가 뒤를 봐 준 적도 있었으니까 아마 돈을 빌려 줄지도 몰라.'

모렐 씨는 마지막이라는 심정으로 파리로 가서 그를 만나 보기로 했다. 하지만 당그라르는 예전에 자신의 배에서 회계 일을 맡아 보던 그가 아니었다. 거만한 얼굴로 모렐 씨의 딱한 처지에 딱 잘라 말했다.

"처지는 안 됐습니다만, 요새 저도 형편이 좋지 않아서요. 게다가 모렐 상회의 재정 상태라면 돈을 구할 데가 없을 것 같군요."

모렐 씨는 아무 대꾸도 하지 않고 당그라르의 사무실을 걸어 나왔다. 다시 집으로 돌아온 그는 말수가 점점 줄어들었다.

"어머니, 아버지가 요새 통 말씀이 없으세요."

"그래, 나도 알고 있다. 게다가 방에 틀어박혀 나오지를 않으시니 큰일이로구나."

"파리에 다녀온 뒤로 더욱 그러신 것 같아요. 저러다 병이라도 나시면 어쩌려고."

그러자 모렐 부인은 혼잣말을 하듯 중얼거렸다.

"아무래도 딴생각을 하고 계신 게야."

"옛? 딴생각이라면 혹시 죽을지도 모른다는 건가요?"

"그래. 너도 짐작하고 있었구나. 네 아버지 성격으로 봐서 그러고도 남을 거야. 평생을 신용 하나로 살아오신 분 아니냐. 그런 분이 그 톰슨 상회의 대리인과 약속을 지키지 못하게 되었으니…….”

“아, 안 돼!”

줄리는 어머니의 품에 안겨 흐느껴 울기 시작했다. 늘 아버지를 존경하고 따르던 줄리는 어쩌면 아버지를 잃을지도 모른다는 사실이 너무나 슬펐다.

이런 저런 방법을 생각해 보았자, 줄리 양이 그 막대한 돈을 구하기란 어려운 일이었다.

‘그래, 오빠에게 편지를 써서 어서 집으로 돌아오라고 해야겠다.’

줄리의 오빠인 막시밀리안은 스물두 살의 늠름하고 패기 넘치는 군인이었다. 오빠를 기다리며 줄리는 염려스런 마음으로 아버지에게서 한시도 눈을 떼지 않았다.

영국인과의 약속 날짜가 내일로 다가오자, 모렐 씨는 서재에 틀어박혀 무언가를 열심히 쓰고 있었다.

서재로 들어간 뒤, 몇 시간이 흘러도 아버지가 나오지 않자 줄리는 몸을 구부려 열쇠 구멍으로 들여다보았다.

‘뭔가를 썼다가 지웠다 하시는 걸 보면 틀림없이 유언장을 쓰시는 거야. 아, 이게 무슨 날벼락이란 말인가.’

눈앞에 있는 현실을 믿기 싫었지만 줄리는 단지 발만 동동거릴 뿐 달리 어쩌지 못하고 있었다.

‘뛰어들어가서 아버지의 무릎에 앉아 매달려 볼까? 아니, 아버지의 결심은 변함이 없을 거야. 휴, 도대체 이 일을 어쩌면 좋아.’

모렐 부인과 줄리는 서재 앞을 떠나지 않고 번갈아 가며 모렐 씨를 감시했다. 이윽고 날이 밝아 약속한 날이 되었다.

“사무실로 나가 봐야 하니 준비를 해 줘요.”

“꼭 가셔야 하나요?”

"무슨 소리요? 톰슨 상회 대리인과 약속한 날이 오늘인데, 당연히 그 사람을 만나 봐야지."

모렐 씨는 부인이 마음에 품은 생각을 눈치채지 못하도록 태연한 얼굴로 사무실로 나섰다. 그 때, 줄리 양이 들어왔다.

"아버지, 저도 따라가겠어요."

"오늘은 나 혼자 나가 보마. 넌 집에 있거라."

단호하게 딸에게 한 마디 하고는 모렐 씨는 나가 버렸다. 두 모녀만 남아 있는 사이에 누군가가 초인종을 눌렀다.

"와! 내 동생 줄리가 이제 어엿한 아가씨가 됐군."

"오빠!"

집 안에 들어선 사람은 다름 아닌 줄리의 오빠 막시밀리안이었다.

"어서 오너라. 너야말로 훌륭한 청년이 다 되었구나."

"참, 이러고 있을 때가 아니야. 난 아버지에게 오빠가 돌아왔다고 알리고 올게."

"줄리, 집안에 무슨 일이 있다고 내게 편지를 부치지 않았니? 나 없는 동안에 무슨 큰일이라도 있었니?"

"그래, 지금은 자세한 이야기를 해 줄 수가 없어. 난 아버지께 다녀올게 그 사이에 어머니께서 말씀해 주실 거야."

집에서 가까운 모렐 상회의 사무실에 당도한 줄리는 숨을 헉헉거리며 뛰어올라갔다.

"말 좀 묻겠어요. 혹시 줄리 양을 아십니까?"

처음 보는 한 사나이가 줄리 양을 불러 세웠다.

"제가 줄리입니다만, 댁은 누구시죠?"

"아, 바로 찾았군요. 저는 줄리 양을 찾아 편지를 전해 주라는 부탁을 받고 여기서 기다렸어요."

그 사나이는 손에 쥐고 있던 편지 한 통을 줄리에게 내밀었다.

"급한 일이라 하면서 서둘러 달라고 했어요."

편지를 전한 사나이는 그길로 어디론가 사라져 버렸다. 손에 쥔 편지를 뜯어 본 줄리는 깜짝 놀랐다.

> 편지를 받는 즉시 미랑 가 15번지를 찾아가시오. 그 곳을 관리하고 있는 관리인에게 열쇠를 받아 방으로 들어가서는 책상 위에 놓여 있는 지갑을 가지고 나오십시오.
>
> 이 지갑은 모렐 씨에게 전달해 주면 될 것입니다. 주의할 점은 이 일은 반드시 줄리 양이 직접 해야 한다는 것입니다. 다른 사람이 대신 그 곳으로 가게 되면 관리인이 집 열쇠를 주지 않을 것이니 명심하시오.
>
> 언젠가 들은 적이 있는 신배드로부터

줄리 양은 아버지와 만나 이야기를 나누었던 톰슨 상회의 대리인을 떠올렸다.

'맞아. 그 사람이 내게 말한 적이 있지. 그 때 분명 뱃사람 신배드로부터 편지 한 장이 올 거라고 이야기했어. 난 아버지에게 도움을 줄 수 있다면 이 편지에 적힌 대로 따르겠다고 약속을 했었지.'

편지를 든 줄리 양은 잠시 망설였다. 지금 상황이 급한지라 아버지를 놔 두고 갈 수 없었기 때문이다.

'그래, 이 편지가 만약 아버지를 살릴 수만 있다면 못할 이유가 없지. 미랑 가 15번지라고 했지.'

마음을 굳힌 줄리 양은 곧 편지에 적힌 곳을 향해 출발했다. 미랑 가 15번지라면 에드몽 당테스의 아버지가 살았던 집이었다.

이 사실을 모르는 줄리 양은 오직 아버지를 구할지도 모른다는 희망을 가지고 서둘러 그 곳으로 갔다.

이 즈음 모렐 씨의 아들 막시밀리안은 어머니에게 그 동안의 일을 모두 전해 듣고 입을 다물지 못했다.

"아, 어머니. 저 없는 동안에 그런 일이 있었군요. 그 동안 여러 가지로 마음이 무척 상하셨겠군요. 그럼, 얼른 아버지께 다녀오겠어요."

막시밀리안 역시 아버지가 무슨 짓을 저지를지 모른다는 생각에 마음이 급했다. 서둘러 아버지의 사무실을 찾은 그는 노크도 하지 않은 채 문을 벌컥 열어젖혔다.

"아버지!"

"앗! 너는……."

갑작스런 아들의 방문에 놀란 모렐 씨는 책상 위에 놓여져 있던 물건을 급히 감추었다. 하지만 막시밀리안은 그 물건이 무엇인지 금방 알 수 있었다.

"그건 권총이 아닙니까?"

"넌 모르는 척해라."

"무슨 말씀이세요? 어떻게 아버지의 일을 모른 척한단 말이에요. 어머니께 이야기를 대강 들어 알고 있습니다만 꼭 이래야만 합니까?"

모렐 씨는 갑자기 나타난 아들에게 못난 모습을 보인 것 같아 내심 부끄러웠다. 그는 아들에게 이 상황을 이해시키기로 마음먹었다.

"자, 이게 모렐 상회의 장부다. 지금 금고에 남아 있는 돈은 단지 만 프랑밖에 없다. 그런데 오늘 갚아야 할 돈은 30만 프랑이다. 그 동안 신용 하나로 살아온 내가 부끄러운 꼴을 당하느니 차라리 죽어 버리는 게 낫지 않겠니?"

"어쩌다가 모렐 상회가 이 지경까지……."

막시밀리안은 아버지의 어려운 상황에 도움이 되어 줄 수 없는 무기력한 자신이 한없이 실망스러웠다.

하지만 아버지의 자살을 그대로 두고 볼 수만은 없는 상황이었다.

"아버지의 심정은 충분히 이해가 갑니다만, 오늘 돈을 갚기로 한 약속을 다시 미루어 달라고 하면 어떻겠어요?"

"물론 그 톰슨 상회의 대리인에게 애원을 해 보면 가능할 거야. 하지만 지불 날짜가 미루어진다고 해도 이 막대한 돈을 마련하기란 하늘의 별따기처럼 어려울 거야. 우리 모렐 상회의 신용을 보고 돈을 빌려 줄 사람은 아무도 없을 테니까."

"아아……."

막시밀리안은 신음 소리를 내며 괴로워했다. 그리고 떨구었던 얼굴을 번쩍 치켜들며 단호한 소리로 말했다.

"좋습니다. 그렇다면 저도 아버지의 뒤를 따르겠어요."

"얘야, 그게 무슨 소리냐?"

"모렐 상회가 무너지고 게다가 아버지가 없는 마당에 제가 이 세상에 살아남아서 무얼 하겠어요?"

아들이 자신과 함께 세상을 떠나겠다는 말에 모렐 씨는 깜짝 놀랐다.

"안 돼. 이 책임은 나 혼자 지고 떠나는 거다. 넌 모렐 가를 이끌어 나갈 사람이란 것을 잊었느냐? 어머니와 네 여동생은 누굴 믿고 살라고 그런 말을 함부로 하는 게냐?"

"그렇지만……."

모렐 씨의 따끔한 꾸중에 막시밀리안은 하염없이 눈물을 흘렸다.

"이제 잠시 후면 돈을 가지러 사람이 올 것이다. 이러고 있을 시간이 없다. 이제 그만 나 혼자 있게 나가 보거라."

"아!"

막시밀리안은 더 이상 아버지를 설득할 방법이 없자 그만 자리에서 일어섰다. 문을 열고 나가는 아들을 향해 모렐 씨는 한 마디 했다.

"유언장은 서랍 속에 넣어 두마."

이제 모든 게 끝났다는 생각에 막시밀리안은 뒤도 돌아보지 않고 밖으로 나오고 말았다. 아들이 나가고 난 뒤 조금 전에 넣어 두었던 권총을 다시 꺼내 든 모렐 씨는 오히려 마음이 편안해지는 걸 느꼈다.

"하느님! 못난 저를 용서하시고 부디 남은 가족들을 올바른 길로 인도하십시오."

그리고 앞에 놓인 권총을 들어 머리에 가져다댔다. 사방은 쥐 죽은 듯 고요했다. 그 순간, 밖에서 발걸음 소리가 요란하게 들려왔다.

"아버지! 아버지!"

딸 줄리의 목소리였다. 갑자기 모렐 씨의 가슴이 덜컥 내려앉았다.

'불쌍한 녀석!'

죽기 전에 줄리를 한 번 만나 봐야겠다는 생각에, 들었던 권총을 살며시 내려놓았다. 그 순간 줄리가 방 안으로 뛰어들어왔다.

"이것 좀 보세요!"

모렐 씨의 사무실로 올라오기 전에 줄리는 오빠를 만났다. 조금 전의 일을 전해 들은 줄리는 다급한 마음에 아버지가 계신 곳으로 숨도 쉬지 않고 뛰어올라왔던 것이다.

막 방으로 들어선 줄리가 아버지에게 내민 것은 다름 아닌 빛 바랜 지갑이었다.

"어서 지갑을 열어 보세요, 아버지! 이제 우리는 아무 걱정 하지 않아도 돼요."

"뭐라고?"

딸의 엉뚱한 말에 아버지는 지갑 안을 들여다보았다.

"이런 세상에!"

모렐 씨는 자신의 눈을 믿지 못했다. 지갑 안에는 톰슨 상회에 빚을 모두 갚았다는 영수증과 함께 제법 큰 다이아몬드가 들어 있었다. 그리고 살며시 접힌 쪽지를 펼쳐 보니 다음과 같이 적혀 있었다.

따님의 결혼식 때 써 주십시오.

"도대체 이게 어찌 된 일이냐? 이 지갑은 어디서 난 게냐?"

자신의 앞에 벌어지고 있는 일이 도저히 믿어지지 않는 모렐 씨는 모든 게 이상하게 생각되었다.

하지만 놀랄 만한 일은 여기서 끝나지 않았다. 다시 사무실 문이 벌컥 열리더니 또 한 사람이 뛰어들어왔다.

"아니, 자네는 엠마누엘이 아닌가?"

급히 들어온 사람은 줄리의 약혼자 엠마누엘이었다. 그는 가쁜 숨을 몰아쉬며 큰 소리로 외쳤다.

"어서 밖에 나와 보십시오! 파라옹 호가 항구에 도착했어요!"

"아니, 자네 제정신인가? 난파된 파라옹 호가 돌아왔다니?"

"처음엔 저도 제 눈을 의심했어요. 하지만 분명 모렐 상회의 배, 파라옹 호였어요."

혹시나 하는 마음으로 모렐 씨는 서둘러 항구로 나가 보았다.

"이런 세상에!"

엠마누엘의 말처럼 항구에는 '모렐 상회 파라옹 호' 란 글자가 새겨진 배 한 척이 사람들의 환호 속에 당당히 들어와 있었다.

"모렐 씨!"

배 위에는 파라옹 호가 침몰한 뒤 모렐 상회를 그만둔 선장과 선원들

이 모렐 씨를 부르며 손을 흔들고 있었다.

모렐 씨의 가족들은 기뻐 어쩔 줄을 몰랐다. 그들은 서로 부둥켜안고 펄쩍펄쩍 뛰어다녔다. 이 광경을 항구의 한 쪽에서 흐뭇한 미소를 지으며 바라보는 사람이 있었다.

"아버지와 제게 베풀어 준 당신의 아름다운 마음씨에 대한 나의 작은 보답입니다. 앞으로 가족들과 행복한 나날을 보내시기 바랍니다."

신사는 혼잣말로 이렇게 중얼거리고 항구에 있는 계단을 내려갔다.

"자코포! 이리로 배를 대게."

그러자 요트 하나가 쏜살같이 다가와 그 신사를 배에 태웠다. 그는 다시 모렐 가족이 있는 곳으로 눈길을 돌렸다.

"이제 내게 남은 일은 악한 자들을 벌 주는 것이다. 기다려라!"

이렇게 외치는 이 신사는 바로 에드몽 당테스였다. 이미 그의 얼굴에는 조금 전에 보았던 따뜻한 미소는 남아 있지 않았다.

알베르 자작

프랑스 파리의 에르데 가 27번지에 있는 대저택에 모임이 있는 오늘은 1838년 5월 21일이었다.

오늘 손님을 초대한 장본인은 몰세르 백작의 아들 알베르 자작이었다. 그는 손님들이 당도하기 전에 하인들에게 주의를 주고 있었다.

"오늘 오시는 손님 중엔 귀한 분이 있으니, 다른 날보다 음식 준비에 좀더 신경을 쓰도록 하게. 집 안은 구석구석 잘 치워놓았나?"

"물론입니다."

"그럼 다른 하인들에게도 각별히 주의를 주도록 하게."

알베르 자작의 지시를 받은 하인이 밖으로 나가자, 곧 두 명의 손님이 들어왔다.

"알베르, 그 동안 잘 지냈나?"

"어서 오게."

인사를 나누며 들어선 사람은 장관 비서로 일하고 있는 드브레와 신문 기자 보샹이었다. 두 친구는 다른 손님들이 당도하기 전에 집 안을 돌아보며 즐겁게 이야기를 나누었다.

"자네의 취미는 여전하군. 이런 귀한 것들은 어떻게 수집했나?"

"후후, 여행을 다니면서 하나씩 눈여겨봐 둔 것을 사들였지. 이 그림은 일전에 산 것인데, 이걸 처음 본 순간 한순간에 정신을 모두 뺏길 정도였어."

"그렇군, 훌륭한 그림이야."

서로 이야기를 나누는 동안 하인이 들어와 두 분의 손님이 도착했다고 알렸다. 르노 남작이 거실로 들어서고 뒤를 따라 단정한 군복 차림의 청년이 들어왔다.

"여어, 다들 모이셨군."

"오느라 수고했네. 그런데 저 사람은……."

"아참, 깜빡했군. 이 쪽은 나를 구해 준 막시밀리안 군이네. 인사들 나누지."

"처음 뵙겠습니다. 막시밀리안 모렐이라고 합니다."

알베르를 비롯한 다른 사람들도 막시밀리안과 고개를 숙여 인사를 나누었다. 그들은 자리를 잡고 앉았다.

"이봐, 르노. 조금 전 저 친구가 자네를 구해 줬다고 했는데, 그건 무슨 소린가?"

"궁금한가 보군."

신문 기자인 보샹이 르노 남작에게 막시밀리안의 사연을 물어왔다.

"일전에 아프리카 사막을 여행한 적이 있었네. 그 때 웬일인지 몰라도 아라비아 인들에게 쫓기고 있었어. 그들이 나를 죽이려고 공격을 해 오자 나는 그들을 향해 총을 쏘아 댔고, 내 총에 네 명이 쓰러졌어."

"그래서?"

알베르 자작 역시 르노 남작의 모험담에 귀를 기울이며 들었다.

"결국 두 놈이 남게 됐는데, 한 놈이 내게 달려들어 내 머리채를 휘어잡았어. 그리고 나머지 한 놈은 내 목에 서슬이 퍼런 칼을 가까이 들이댔어. 난 이제 죽었구나 생각하고 그만 눈을 감아 버렸지. 그 때였어. 갑자기 나를 잡고 있던 한 놈이 윽 하는 소리와 함께 뒤로 벌렁 나자빠졌어. 다음 순간 칼을 들이대고 있던 놈도 바닥에 쓰러지고 말았어. 여기 함께 온 막시밀리안 군이 나타나서 나를 구해 준 거야."

"휴, 정말 큰일날 뻔했군."

모든 손님의 눈이 막시밀리안에게 쏠렸다.

"할일을 한 것뿐인데, 르노 남작이 너무 큰 칭찬을 하는 것 같군요. 사실은 그 날이 9월 5일이었는데, 이 날은 제게 특별한 날입니다."

"어째서요?"

"바로 그 날에 저의 집안도 신분을 알 수 없는 사람으로부터 큰 은혜를 입었어요. 그래서 저는 결심했지요. 9월 5일이 되면 다른 사람에게 도움을 주자고 말입니다."

그 곳에 모인 사람들은 그제야 고개를 끄덕였다. 장관 비서로 일하고 있는 드브레가 배를 가리키며 한마디 했다.

"신나는 모험담을 듣고나니 배가 고프군. 알베르, 오늘 새로 온 손님과 함께 식당으로 가는 게 어떨까?"

"미안하게 됐네만 조금만 기다려 주게."

"더 올 손님이라도 있나?"
"로마에 있을 때 나를 구해 준 분인데, 잠시 후면 도착할 걸세."
다른 친구들은 알베르의 말에 다시 한 번 눈을 동그랗게 떴다.
"그분이 아직 오지 않았으니 나도 로마에서 겪은 일을 이야기해 주지. 로마의 중요한 기념일 중의 하나인 사육제 때 뜻하지 않게 산적에게 납치당한 일이 있었어. 루이지 방파라는 산적 두목은 내 친구 프란츠에게 돈을 준비해 오라고 편지를 보냈지. 그러자 프란츠와 내가 로마에 있는 호텔에 머물고 있을 때 친절하게 대해 준 백작이 내가 갇혀 있는 지하 묘지에 프란츠와 함께 나타난 거야."
"그 백작이란 사람이 돈을 빌려 준 건가?"
"물론 그 백작은 매우 부자였지만 돈으로 그 산적 두목에게서 나를 구해 주지 않았겠나."
"무슨 소린가?"
모두들 궁금하다는 듯이 숨을 죽였다.
"그 무시무시한 산적 두목이 그 백작 앞에서 꼼짝도 못하지 뭔가?"
"설마 그럴 리가?"
"분명 내 눈으로 똑똑히 봤다니까. 어쩌면 그분은 뱃사람 신배드일지도 몰라."
"그 사람의 이름인가?"
"아니. 그분은 몽테크리스토 백작이야. 지중해에 있는 작은 무인도인 몽테크리스토 섬의 영주라고 하더군. 참, 백작이란 지위는 돈을 주고 산 것이라고 하더군."
"몽테크리스토 섬의 영주라고?"
"그 섬에 대단히 훌륭한 동굴을 가지고 있다고 들었어."
신문 기자 보샹이 믿기지 않는다는 듯이 확인을 했다.

"자네가 그 동굴을 직접 본 것은 아니고?"

"그렇다네. 하지만 친구 프란츠가 그 곳에서 하룻밤 지냈다고 했어. 마치 꿈을 꾼 것 같다고 하기는 했지만. 게다가……."

"또 뭔가?"

황당한 이야기에 그들은 다시 귀를 쫑긋 세웠다.

"그 몽테크리스토란 분은 대단히 박식한 분이라는군. 역사, 철학, 어학 등 모르는 게 없을 정도라고 하네."

"어디까지 믿어야 할지 모를 이야기로군. 이야기의 반은 친구에게서 들은 이야기라니 말이야."

그 곳에 모인 사람들은 서로의 얼굴을 돌아보며 웃어 댔다. 그 때, 하인이 들어와 현관에 손님이 도착했음을 알렸다.

잠시 후, 거실로 들어서는 손님을 본 사람들은 '앗' 소리를 냈다. 몸 전체에 신사다운 분위기가 넘쳐흐르는 손님은 누가 보아도 근사해 보였기 때문이다.

"아, 와 주셨군요."

"반갑습니다. 손님들이 많이 오셨군요."

"여보게, 이 분이 몽테크리스토 백작일세. 우선 인사들 나누게."

몽테크리스토 백작은 그들에게 일일이 허리를 굽혀 인사를 했다. 손님들 중에 막시밀리안과 눈이 마주치자 그는 환한 미소를 지어 보였다.

"자, 이제 그만 식당으로 갈까요?"

음식을 들면서 그들은 여러 가지 이야기를 나누었다.

"정말 맛있군요. 오늘 훌륭하신 여러분들을 만나게 되어 영광입니다."

몽테크리스토 백작은 신사답게 여러 사람들과 번갈아 이야기를 나누며 예의 바르게 행동했다. 게다가 손님들이 나누는 화제에 대한 깊은 지식을 갖고 있어 사람들을 놀라게 하곤 했다.

드브레와 보샹은 소리를 낮추어 이야기를 나누었다.

"저분은 대단한 사람인 것 같아. 예의도 바르고 역사면 역사, 수학이면 수학, 모르는 게 없을 정도니 말이야."

"자네도 그렇게 생각했나. 나 역시 그렇게 느꼈네."

두 사람이 대화를 나누는 동안 알베르는 몽테크리스토 백작에게 말을 건넸다.

"이 곳 파리에서 머무를 곳은 정하셨나요?"

"예, 샹젤리제 30번지에 마련해 두었소. 한번 놀러오시기 바랍니다."

서로 이야기를 나누며 즐거운 식사 시간이 끝나고 르노 남작이 작별 인사를 했다.

"전 이만 돌아가 봐야겠군요."

"아, 우리도 함께 갑시다."

드브레와 보샹 역시 돌아갈 채비를 서둘렀다. 그러자, 르노 남작과 함께 온 막시밀리안이 몽테크리스토 백작에게 다가와 말을 걸었다.

"괜찮으시다면 저의 집에 초대를 하고 싶습니다."

"좋습니다. 한번 찾아뵙도록 하지요."

몽테크리스토 백작은 흔쾌히 그의 초대를 받아들였다.

손님들이 모두 떠나고 난 뒤, 알베르는 몽테크리스토 백작을 모시고 집 안 이곳 저곳을 보여 드렸다.

"수집품들이 아주 많군요. 이 그림은 집안 사람 중 한 사람을 그려놓은 건가요?"

알베르는 백작이 가리키는 벽을 바라다보았다. 볕에 그은 듯한 건강한 아름다움을 지닌 한 여인이 바다 쪽을 바라보는 그런 그림이었다.

"아, 이분은 저의 어머니입니다. 젊으셨을 때 모습이지요."

"아, 그렇습니까?"

순간 백작의 얼굴은 당황한 기색이었다.

'알베르의 어머니라면 바로 메르세데스를 말하는 게 아닌가?'

그제야 무언가 생각난 듯이 알베르가 백작에게 말했다.

"먼저 제 부모님을 뵈었어야 했는데, 친구들이 오는 바람에 제가 실수를 했군요. 저리로 가시죠."

잠시 후, 알베르의 아버지 몰세르 백작이 거실에 모습을 드러냈다. 몽테크리스토 백작은 가벼운 심호흡을 했다.

"인사 나누십시오. 이분은 제 아버지 몰세르 백작이십니다. 그리고 저희 집을 방문해 주신 이쪽은 제 생명의 은인이신 몽테크리스토 백작이십니다."

군인다운 다부진 몸에 날카로운 눈빛을 가진 몰세르 백작은 몽테크리스토 백작에게 고개를 숙여 감사의 표시를 했다.

"아들로부터 이야기 들었소. 어려운 지경에 큰 도움이 되어 주셔서 고마울 따름입니다."

"조그만 도움이 됐을 뿐입니다. 그보다 훌륭하신 아드님을 두어 든든하시겠습니다."

두 사람이 서로 인사를 나누고 있을 때, 품위가 있어 보이는 여인이 나왔다. 알베르의 어머니라고 짐작을 한 순간, 그 여인이 몽테크리스토 백작을 발견했다.

"어머니, 이리로 오십시오."

하지만 알베르의 어머니는 그 자리에 굳은 듯 가까이 오지 않았다.

"어머니, 왜 아는 분이세요?"

"응? 아니, 아니다."

몰세르 부인은 황급히 손을 내저었다. 몽테크리스토 백작 역시 부인을 본 순간 머리가 아찔했다.

"제 아들의 생명을 구해 주셔서 정말 감사합니다. 그리고……."

말을 잇지 못하는 부인은 몹시 불안한 듯 몸을 가누지 못했다. 알베르는 오늘따라 어머니의 모습이 예전 같지 않다는 것을 느꼈다.

"어머니, 몸이 좋아 보이지 않아요."

"그래, 손님이 오셨는데 미안하지만 이만 들어가 봐야 할 것 같구나."

그러자 몽테크리스토 백작 역시 자리에서 일어서며 말했다.

"알베르, 나도 오늘은 이만 가 봐야겠소. 아직 집 정리가 안 된 상태라 할 일이 많아서……."

"그렇군요. 그럼 다음 기회에 다시 들러 주세요."

백작은 알베르의 가족에게 정중히 인사를 한 뒤 타고 온 마차를 타고 그 곳을 떠났다. 그가 떠나고 난 뒤, 몰세르 부인은 생각에 빠졌다.

'분명 내가 아는 사람이야. 그래, 에드몽 당테스가 틀림없어. 얼굴은 많이 변한 것 같지만 그 눈빛을 보면 알 수 있어. 아, 이게 무슨 일이란 말인가.'

괴로운 마음을 가눌 길 없는 부인은 방 안을 이리저리 걸어다녔다.

'아니야, 내가 잘못 본 거야. 그가 떠난 뒤 벌써 20년이 다 돼 가는데. 하지만…….'

몰세르 부인은 알베르를 불러 궁금한 것을 물어 보았다.

"오늘 오신 몽테크리스토 백작이라는 분에 대해 잘 알고 있니?"

"아니오, 몇 번 뵌 적은 있지만 주변에서 그에 대한 이야기를 들은 게 별로 없어요. 단지 대단한 부자라는 것과 다방면에 박식하다는 것 외에는 잘 몰라요."

"그래? 내가 보기에도 훌륭하신 분 같더구나."

"어머니도 그렇게 생각하고 계셨군요. 전 그분이 존경스러워요."

알베르의 대답을 들으면서 부인은 창가로 가서 무언지 깊은 생각에 빠져들었다.

당그라르와 빌포르와의 만남

몽테크리스토 백작이 사들인 샹젤리제 거리의 저택은 겉으로 보기에도 대단히 훌륭해 보였다.

알베르 자작의 초대를 받은 다음 날, 정오가 지나 근사해 보이는 마차 한 대가 그 저택 앞에 멈추어 섰다. 마차 앞에는 날렵해 보이는 두 마리의 말이 매여 있었다. 이 마차의 주인은 번쩍이는 예복을 입고 금테 안경을 쓴 사람으로 보기에도 거만해 보였다.

"이봐! 자네가 가서 이 집 주인이 계신가 알아보게."

말을 몰던 마부는 대저택의 초인종을 눌러 주인의 말을 전했다. 잠시 후, 마부는 돌아와 이렇게 전했다.

"이 집 하인이 이 댁 주인은 지금 만나실 수 없다고 하더군요."

"쳇, 할 수 없군. 다음에 다시 한 번 들르기로 하지. 자, 그만 은행으로 출발하게."

불평을 하는 이 사람은 바로 은행가인 당그라르 남작이었다.

'톰슨 상회에서 이 저택의 몽테크리스토 백작에게 아무런 조건 없이 원하는 대로 돈을 빌려 주라고 해서 도대체 어떤 인물인가 궁금해서 들러봤는데 만나 주질 않는군. 얼마나 대단한 사람이기에…….'

달리는 마차 안에서 당그라르 남작은 이런 생각을 했다. 그가 떠나고 난 뒤, 대저택의 주인인 몽테크리스토 백작은 이층 창문 앞에서 밖을 내다보고 있었다.

"베르치오!"

백작은 밖을 내다보며 하인을 불렀다.

"예! 부르셨습니까?"

"조금 전 우리 집을 찾아왔던 사람의 마차에 매인 말을 보았나?"

"자세히는 보지 못했지만 훌륭한 말들인 것 같았습니다."

"돈은 얼마든지 주어도 좋네. 저 말들을 사오도록 하게."

"그 말은 은행가인 당그라르 씨의 소유로 사들이기가 쉽지 않을 것 같습니다만……."

하인 베르치오가 선뜻 대답을 하지 않자, 몽테크리스토 백작은 단호한 말투로 다시 한 번 말했다.

"저 사람은 돈에 대한 욕심이 대단히 많은 사람이야. 필시 돈을 많이 준다면 말을 팔걸세. 5시까지 시간을 줄 테니 그 동안에 해결하도록 해."

"예, 알겠습니다."

베르치오는 백작의 성격을 잘 알고 있는지라 간단히 대답을 하고 그 자리를 물러나왔다.

'우리 백작님은 평소에는 너그러우신 분인데, 한번 마음먹은 일이라면 어떤 어려움이 있더라고 해낸단 말이야. 그럴 때면 딴사람 같아.'

결국 백작이 일러 준 시간이 다 되자, 당그라르의 말은 몽테크리스토 백작의 마차에 매어져 있었다.

"백작님, 원하시던 말을 구했습니다."

"조금 전 내 마차에 매여 있는 걸 보았네. 수고했어."

그제야 백작은 흡족한 미소를 지어 보였다.

"곧 저 말들을 시험해 봐야 하겠으니 마차를 준비하게."

"어디로 가시나요?"

"당그라르 남작에게 볼일이 있으니 마부에게 가서 이르게."

"그렇게 전하겠습니다."

백작의 방을 나온 베르치오는 고개를 갸우뚱거렸다.

'조금 전에 당그라르 남작에게서 산 말을 몰고 그 집으로 가신다고 하니, 어쩌려고 저러시는 건지 모르겠군.'

급하게 마차를 몰아 당그라르 남작의 집으로 온 몽테크리스토 백작은 집 안으로 안내되었다. 백작의 집을 다녀간 당그라르는 은행의 볼일을 마치고 마침 집에 돌아와 있었다.

"어서 오십시오."

"연락도 없이 갑자기 찾아뵙게 되었군요."

"아니, 나도 한번 만나 뵙고 싶었어요. 정오가 지나 백작의 집을 방문했었죠."

"아, 우리 집 하인에게 전해 듣기는 했습니다만 두통이 심해 도무지 사람을 만날 수가 없었어요. 큰 실례를 하게 된 점 사과 드립니다."

"그러셨군요. 지금은 좀 어떠신가요?"

"이제 괜찮습니다. 그런데 무슨 일로 저희 집을 찾아오셨었나요?"

백작은 당그라르가 권하는 의자에 앉으면서 이렇게 물었다. 그러자 당그라르는 궁금했던 일을 물어 보았다.

"사실은 톰슨 상회로부터 제게 연락이 왔소. 내용인즉 몽테크리스토 백작에게 원하는 대로 돈을 빌려 주라는 것이었지요."

"그게 무슨 문제라도 됩니까?"

"아, 그런 뜻이 아니라……."

백작이 불쾌한 표정을 짓는 것을 보고 당그라르는 잠시 당황했으나 솔직하게 말을 꺼냈다.

"아직 백작에 대해 잘 알지 못하는데, 무조건적인 대출이라는 것이 처음 있는 일이라서 좀……."

"그러니까 톰슨 상회의 지시 사항에 따르지 못하겠다는 거로군요. 좋습니다, 당신이 관리하는 은행 외에도 내게 얼마든지 돈을 주겠다는 곳이 두 군데나 있으니까요."

"아니, 지금 무제한 대출을 해 주겠다는 곳이 두 곳이라고 하셨나요?"

당그라르 남작은 믿지 못하겠다는 듯한 얼굴이었다. 백작은 품안에 있던 서류를 남작에게 보여 주었다.

"이럴 수가……."

남작은 자신의 눈을 의심했다. 백작이 내 놓은 신용장은 유럽에서 널리 알려진 은행들의 것이었다.

"사실이로군요. 대단하신 분을 몰라 봤군요. 이 신용장만 해도 수백, 아니 수천 프랑의 값어치가 있습니다."

"이제야 말이 통하는군요. 그럼 제게 대출을 해 주실 수 있나요?"

"당연하죠. 백작이 우리 은행의 돈을 쓰시는 것을 영광으로 알겠습니다. 그럼, 당장 얼마 정도 돈이 필요하신지요?"

조금 전까지 혹시나 하는 마음으로 백작을 의심하던 당그라르는 두 장의 신용장을 본 뒤로 태도가 완전히 달라졌다.

"우선 6백만 프랑을 먼저 빌려 주시오."

"옛?"

당그라르는 벌어진 입을 다물 줄 몰랐다. 백작은 당그라르의 표정이 못마땅한 듯 헛기침을 했다.

"험!"

"아, 실례했소. 그럼 처음 대출은 6백만 프랑으로 합시다."

당그라르의 목소리는 잠시 떨렸다. 이제까지 자신의 은행을 찾던 손님 중에 이런 거액을 거래한 사람은 단 한 사람도 없었던 것이다.

사무적인 거래가 끝나자, 당그라르 부인이 차와 약간의 음식을 내왔다. 당그라르 부인은 귀족 출신의 여성으로 돈만 밝히는 당그라르를 멸시하고 있었다.

'흥, 오늘도 무슨 속임수로 돈을 긁어모으려고 저러는 걸까?'

하지만 당그라르와 만나고 있는 예의 바르고 품위 있어 보이는 백작을 본 순간, 얼굴이 환해져 인사를 나누었다.

"안녕하세요? 당그라르 부인입니다."

"전 몽테크리스토 백작이라고 합니다. 부인의 손길이 닿아서 그런지 집이 상당히 아름답군요."

"별말씀을요……. 파리에 오래 계셨나요?"

"이 곳에 온 지는 얼마 안 됩니다."

"어쩐지 낯이 설다 했어요. 전 이 곳 사교계의 웬만한 사람들은 거의 만난 적이 있거든요."
"아, 그렇군요. 앞으로 잘 좀 부탁드립니다."
당그라르 부부는 백작과 즐겁게 이야기를 나누었다. 그 사이 당그라르 부인의 몸 시중을 드는 하녀가 불쑥 들어왔다.
"저……."
"무슨 일인지 몰라도 손님이 계시니 나중에 이야기하자."
"마님의 말이……."
그제야 부인은 자리에서 일어나 하녀 곁으로 다가갔다. 그리고는 소리를 낮추어 물었다.
"왜 내 말이 어디 다치기라도 했어?"
"그게 아니라 말이 없어졌어요."
"뭐? 오늘 아침까지도 잘 있던 말이 달아나기라도 했단 말이야?"
"사실은 저 백작님의 마차에 부인의 말이 묶여져 있습니다."
"도대체……."
당그라르 부인은 백작과 이야기를 나누고 있는 남편을 노려보았다.
'흠, 틀림없이 저 양반 짓일 거야. 하녀 말이 사실이라면 내 어디 그냥 두나 봐라.'
단단히 벼르던 부인은 창가로 가서 하녀의 이야기를 확인했다. 백작이 타고 온 훌륭한 마차에 분명 자신이 애지중지하던 말 두 마리가 매여 있었다.
"저 양반이 대체 무슨 짓을 한 거야!"
화가 머리끝까지 난 당그라르 부인은 씩씩대며 손님과 이야기를 나누고 있는 남편 곁으로 다가갔다.
"도저히 참을 수가 없군요. 왜 내 허락도 없이 말을 넘긴 거죠? 무슨 생각으로 그렇게 했죠? 물론 대답을 듣지 않아도 뻔해요. 당신이 제

일 좋아하는 돈 때문이겠죠. 아, 내일 빌포르 부인이 내 말을 쓰기로 약속까지 해 두었는데…….”

당그라르 남작은 부인이 쏘아붙이는 소리에 얼굴이 벌개져 아무 말도 하지 못하고 조용히 하라고 눈짓만 했다.

‘어유, 손님 앞에서 이게 무슨 창피야. 하필 저 말을 산 사람이 몽테크리스토 백작이라니…….’

남작은 단지 말 값을 몇 배나 많이 받을 수 있다기에 덥석 팔아 버렸을 뿐, 누가 그 말의 새 주인이 될지는 알아보지도 않았던 것이다.

그러자 몽테크리스토 백작은 난처한 얼굴로 이렇게 말했다.

“부인, 죄송하게 됐군요. 제가 명마를 하도 좋아하니까 우리 집 하인이 저 말들을 당장 사들인 것 같군요. 이번 일은 하인들이 처리한 문제라 전연 몰랐습니다.”

“아니, 백작님 잘못이 아니에요. 제가 너무 흥분한 나머지 손님이 계신 줄도 모르고 이런 무례한 행동을 했군요.”

부인은 그제야 부끄러운 듯 남편을 한 번 더 노려보고는 안으로 들어가 버렸다.

“흥!”

“부인이 화가 많이 나신 모양이군요.”

“모두 제 잘못입니다.”

당그라르는 처음 오신 손님 앞에서 좋지 못한 모습을 보였다고 생각했는지 차마 얼굴을 들지 못했다. 백작은 속으로 좋아했다.

‘흠, 내 계획대로 잘 되어가고 있군.’

하지만 겉으로는 당그라르 남작을 위로하며 자리에서 일어섰다.

“아무래도 다음 번에 다시 찾아뵈야겠군요. 그럼 이만 돌아가겠소.”

백작은 돌아오는 마차 안에서 다음 일을 생각하고 있었다. 곧 집에 당도한 그는 서둘러 편지 한 장을 써내려갔다.
당그라르 부인 앞으로 보내는 편지에는 자신이 구입한 말을 다시 돌려보낸다는 내용이 담겨 있었다.
다음 날 날이 밝자, 백작은 하인을 불렀다.
"알리! 이리 좀 오게."
백작이 신임하고 있는 알리란 하인은 힘이 무척 세어 보였다. 알리는 백작이 아프리카를 여행하던 중에 목숨을 구해 준 인연으로 이 곳에서 살고 있는 벙어리였다.
"이번 일은 자네가 좀 맡아 주어야겠어. 자네는 밧줄 던지기를 썩 잘한다고 하던데?"
"……."
말을 하지 못하는 알리는 대답으로 고개를 끄덕거렸다.
"그럼 내 말을 잘 듣게. 조금 있다가 마차 한 대가 우리 집 앞을 무서운 속력으로 달려올 거야. 그 때 자네가 나서서 그 마차를 멈추어 주도록 하게. 알아듣겠나?"
알리는 걱정 말라는 듯이 손을 들어 보였다. 백작의 지시대로 저택의 문 앞을 지키고 있던 벙어리 하인 알리의 눈에 마차 한 대가 미친 듯이 달려오는 것이 보였다.
"휙!"
가지고 있던 밧줄을 공중에 던지는 순간, 달리던 말의 말발굽에 걸렸다. 알리는 있는 힘을 다해 밧줄을 끌어당겼다. 달리던 말 역시 안간힘을 쓰며 앞으로 나아가려고 했다. 이 숨막히는 순간을 백작 역시 이층 창가에서 내려다보고 있었다.
'아, 알리 조금만 더 힘을 내!'
결국 말은 무릎을 꿇고 넘어지고 말았다. 이 순간을 놓치지 않고 또 다른 말에게 달려든 알리는 고삐를 잡아당겼다.

'휴, 이제 됐다.'

백작은 숨을 돌리고 잽싸게 마차가 있는 곳까지 달려나갔다.

"알리, 자네 덕분이야. 수고했네."

마차 안에 있던 부인과 사내아이는 정신을 잃은 터라 곧 백작의 집 안으로 옮겨졌다. 잠시 후, 정신을 차린 부인은 백작의 모습을 발견하고는 고마움에 눈물을 흘렸다.

"뭐라고 감사의 인사를 드려야 할지……."

"부인과 아드님이 큰 상처가 없어 다행입니다."

"명마라는 소문이 자자해서 당그라르 부인에게 부탁을 해서 처음 타 본 말인데 뜻하지 않게 이런 일이 생겼군요."

"저 말들이 당그라르 부인의 말이라고요? 그렇다면 제가 다시 돌려 준 말이 분명한데."

"아, 그럼 당신이 몽테크리스토 백작이로군요. 당그라르 부인이 훌륭한 분이라고 칭찬을 하더군요. 전 빌포르 검찰 총장의 부인 되는 사람입니다."

그 때 백작의 얼굴에 야릇한 미소가 떠올랐다. 하지만 이내 안쓰러운 표정으로 말했다.

"그럼 여기서 잠시 쉬십시오. 조금 있다가 아드님과 부인을 댁까지 모셔다 드리겠습니다."

"이렇게 고마울 데가……. 제 남편께 이 일을 말씀드리고 백작님을 한 번 찾아뵙도록 하겠어요."

빌포르 부인과 아들이 집으로 돌아가고 난 뒤, 백작은 만족해했다.

'사실 말들이 저렇게 날뛰게 된 것은 말의 귀 뒤에 달린 방울 때문이지. 달리는 말에게 방울 소리는 말을 날뛰게 하기에 충분하지.'

얼마 지나지 않아 빌포르가 백작의 집을 찾아왔다. 검찰 총장 빌포르는 웬만해서는 개인적인 일로 다른 집을 방문하는 일이 없었다.

"고맙다는 인사를 하려고 왔소이다. 제 아내와 아들의 생명을 구해 주신 분이라고 들었소."

빌포르는 듣던 대로 굳은 표정과 딱딱한 말투로 인사말을 했다.

"제가 할 일을 했을 뿐인데요. 그보다 검찰 총장 나리께서 하찮은 저의 집을 방문해 주시다니……. 제게는 큰 영광입니다."

자리에 앉은 두 사람은 이런 저런 이야기를 나누었다.

'흠, 이 사람은 나를 두려워하지 않는군. 오히려 나를 겁 주고 있는 것 같은데, 이 백작이란 자는 대체 누구지?'

사람들을 벌벌 떨게 만든다는 검찰 총장은 이야기를 나눌수록 백작의 정체가 궁금해지기만 했다.

가짜 아버지와 아들

몽테크리스토 백작은 외진 곳에 마차를 세워 두고 부지런히 언덕을 향해 올라갔다. 그가 도착한 곳은 파리 정부의 신호소가 있는 곳이었다.

신호소로 올라가는 길목엔 사람의 손길이 듬뿍 담긴 예쁜 꽃들이 잘 가꾸어져 있었다. 이리저리 둘러보는 백작을 이상하게 생각한 한 노인이 대뜸 물었다.

"무슨 일로 오셨나요?"

"혹시 이 꽃밭을 가꾸신 분이신가요?"

"그렇소만……."

"그렇게 경계하는 눈빛으로 보실 필요 없어요. 난 단지 신호소가 어떤 곳인가 궁금해서 들렀을 뿐입니다."

그제야 노인은 의심이 풀리는지 말투가 다소 상냥해졌다.
“별로 구경할 것은 없소. 신호기만 달랑 있을 뿐이오.”
“어디 제가 좀 살펴봐도 될까요?”
“올라오시오.”
신호소는 갑작스런 상황이 발생하거나, 외국에서 일어난 사건들에 대해 정부가 급하게 신호를 보내 알려 주는 곳이었다.
노인의 안내를 받아 탑의 맨 꼭대기에 올라간 백작은 신호기를 구경했다. 단순한 모양에 두 개의 손잡이가 달려 있었다.
“이 손잡이로 상대편 신호소에 신호를 보내는 겁니까?”
“간단히 설명하자면 그렇소.”
신호를 보내기 위해 몇 가지 준비를 하는 노인 곁에서 백작은 말을 걸었다.
“이 곳에서 일하신 지 얼마나 됐나요?”
“올해로 15년째요.”
“경력이 오래 되셨으니, 급료는 상당히 많이 받으시겠군요.”
“겨우 먹고 산다오. 아마 댁 같은 사람이 들으면 우습겠지요.”
급료를 밝히기를 꺼리던 노인은 애써 숨길 것까지 없다는 생각이 들었는지 일 년에 천 프랑 정도를 받는다고 귀띔해 주었다.
“만약 당신에게 생각지도 못한 돈이 생긴다면 무얼 하겠습니까?”
“후, 거참 재미있는 사람이로군. 그런 일은 생각해 본 적이 없소. 하지만 만약 목돈이 생긴다면 꽃을 가꾸는 일을 해 보고 싶소.”
“그럼 당장 그 일을 시작하도록 하시죠.”
“뭐라고 그랬소?”
노인은 자신이 말을 잘못 알아들었다고 여겼는지 백작의 얼굴을 멀뚱히 쳐다보았다. 백작은 품안에서 돈뭉치를 꺼내 들었다.

"자, 받으세요. 1만 프랑입니다. 아니, 좀더 넓은 꽃밭을 가지고 평생 여유롭게 살자면 1만 프랑이 더 있어야겠군. 합해서 2만 프랑입니다."

"이게……."

눈앞에 있는 돈뭉치가 믿어지지 않는다는 듯이 노인은 어리둥절했다.

"이제 당신의 선택만 남았어요. 이 돈은 20년 동안을 뼈빠지게 일해야지만 모을 수 있는 돈이지요."

"내게 뭘 바라는 거요?"

그제야 노인은 백작이 기다리는 대답을 했다.

"어렵지 않은 일이에요. 여기 적힌 대로 신호를 보내기만 하면 되지요."

"하겠소."

자신이 꿈꾸던 일을 당장 이룰 수 있다는 생각에 노인은 더 이상 주저하지 않았다. 신호는 곧 정부의 내무부에 알려졌다.

백작은 약속대로 돈을 노인에게 건네준 뒤, 그 곳을 떠났다.

"부디 남은 여생을 행복하게 보내기 바랍니다."

내무부에 접수된 내용을 읽은 한 관리가 급히 당그라르를 찾아왔다.

"긴밀히 드릴 말씀이 있습니다."

"알겠소. 내 서재로 갑시다."

당그라르를 따라 서재로 올라간 내무부 관리는 혹시라도 누가 엿들을까 봐 소리를 낮추었다.

"조금 전 들어온 소식에 의하면 스페인에 반란이 일어났답니다."

"뭐라고?"

"가지고 계신 스페인 공채를 빠른 시간 내에 팔아 치우세요. 가지고 있어봤자 휴지가 될 겁니다."

당그라르는 이 내무부 관리에게 돈을 주어 가며 정보를 빼 내고 있었다. 그가 이렇게 돈을 모은 것도 시기 적절하게 주식을 사고 팔았기 때문이다.

남작은 서둘러 내무부 직원의 말대로 중개인을 통해 6백만 프랑의 스페인 공채를 미련없이 팔아 버렸다.

"휴, 그래도 이만큼 손해를 본 것만 해도 다행이야."

남작은 이번 일로 50만 프랑 정도만 손해를 입게 되었다고 안심을 했다. 그러나 다음 날 신문을 받아든 두 손은 벌벌 떨렸다.

"이게 뭐야?"

스페인에 반란이 일어났다는 소문은 안개로 인한 신호소의 잘못된 전달 때문이라는 것이었다. 결국 바닥에 떨어졌던 스페인 주식은 두 배로 치솟았다. 하루 사이에 백만 프랑 이상을 손해 보게 된 당그라르는 가슴을 치며 후회했다.

"그 내무부 관리 놈의 말만 듣지 않았더라도 이런 큰 손해는 없었을 텐데. 아니지, 그 사람 잘못이 아니야. 그 신호를 잘못 보낸 신호수 때문에 난 큰 손해를 보게 된 거야!"

며칠 동안 당그라르는 끓어오르는 분노로 밤잠을 이루지 못할 정도였다. 이 소식을 들은 몽테크리스토 백작은 다음 계획을 세웠다.

어느 날, 백작은 손님을 기다리는 눈치였다. 먼저 오십 정도 되어 보이는 군복을 입은 사나이가 집 안으로 들어섰다.

"아, 오셨군요. 어서 이리로 들어오십시오. 푸조니 신부의 소개로 오신 카발칸티 후작이시죠?"

"예? 아, 네."

"군인으로 계급은 육군 대령이 맞나요?"

"대령이라구요? 아, 네 맞을 겁니다."

백작과 이야기를 나누는 사나이는 어쩐지 서툴고 어색해 보였다. 하지만 백작이 묻는 말에 모두 인정하는 눈치였다.

잠시 후, 금발머리 청년이 백작의 집을 방문했다. 그는 집 안을 이리저리 둘러본 뒤, 거실로 들어섰다.

"자, 이리로 들어오시오."

백작은 카발칸티 후작과 다른 방으로 그를 불러들였다.

"자네는 안드레아 카발칸티 자작이 틀림없는가?"

"그게……."

금발머리 청년이 잠시 머뭇거리자 백작은 얼른 말을 이었다.

"푸조니 신부의 소개를 받고 오지 않았나?"

"예, 맞습니다."

"자, 그럼 내 이야기를 귀담아 듣게. 어린 시절 자네는 누군가에게 유괴를 당하고, 아버지를 찾아다녔어. 그러던 어느 날, 푸조니 신부의 편지를 받고 이 곳을 찾아온 거야. 지금 당신의 아버지인 카발칸티 후작이 옆방에 와 있다네."

"이 곳에 아버지가 와 있다구요?"

백작은 대답 대신 카발칸티 후작이 있는 방으로 안드레아라는 젊은이를 안내했다. 그리고 두 사람만 남겨둔 채, 살짝 방을 나갔다.

방으로 들어선 젊은이의 눈앞에 군복을 입은 사람이 소파에 앉아 있는 것이 보였다. 누군가가 들어온 것을 눈치챈 그 사람은 자리에서 일어나 젊은이를 발견했다.

"아, 내 아들이로군."

"아, 아버지?"

"그 동안 어디에서 지냈느냐? 내가 얼마나 너를 찾아 헤맸는지 아니? 오오, 이리 오너라."

군복을 입은 사람은 일부러 눈물까지 흘리며 젊은이를 끌어안았다. 영문도 모른 채 잠시 그 사람의 품에 안겨 있던 금발머리 젊은이는 낮은 소리로 속삭였다.

"쳇, 연극을 잘도 하시는군."

"뭐?"

육군 대령인 그 사람은 흠칫 놀라는 눈치였다.

"우리 솔직합시다. 누군가가 당신에게 시키는 대로 해 주면 돈을 주겠다고 했지요?"

"지금 무슨 소리를 하는 거냐?"

젊은이의 아버지라고 하던 사람은 시치미를 떼며 모르는 일이라고 손을 내저었다. 하지만 곧 자신의 앞에 나타난 젊은이를 속일 수 없다는 것을 깨닫고 사실대로 이야기했다.

"그래, 솔직히 털어놓자면 자네 말이 맞네. 자네 아버지 역할을 해 줄 때마다 4만 프랑을 받기로 했다네. 자네 역시 돈을 받기로 했나?"

"흠, 이제야 실토를 하시는군. 나 역시 이 집에 도착한 뒤 아버지라고 소개받는 사람에게 아들 역할을 잘 해 준다면 일 년에 5만 프랑을 주겠다는 편지를 받았죠."

금발머리는 품에 지니고 있던 접힌 편지 한 장을 아버지 역할을 하고 있는 대령 앞에 내놓았다.

"여기 내가 받은 편지가 있습니다."

편지의 내용은 카발칸티 후작의 아들이 되면 파리의 상류 사회를 드나들 수 있다는 것과 그 대가로 돈을 지불하겠다는 것이었다.

"나와 비슷한 내용이군. 아버지 노릇을 해야 한다는 것만 빼고는 말이야. 혹시 우리가 아버지와 아들 노릇을 해야 하는 사연을 알고 있는가?"

"모릅니다."

두 사람은 자신들이 알고 있는 것들에 대해 이야기하고 난 뒤, 주변을 두리번거렸다.

"누군가 우리 이야기를 엿듣고 있는 사람은 없을 테지?"

"이 방에는 우리 둘뿐입니다."

"이 일을 한다고 해서 우리가 피해 볼 일은 아무것도 없지 않나? 자네는 어떤가?"

"마찬가지입니다. 분명 다른 한 사람을 속이기 위한 계획이겠죠."

그제야 두 사람은 서로 일치하는 부분이 있다는 것을 인정했다.

"그럼 정해진 돈을 받기 위해 우리들의 역할을 충실히 하도록 하세."

"자, 그럼 이제부터 시작해 볼까요?"

그들은 멋진 광경을 연출해 내기 위해 다시 포옹을 하며 소리쳤다.

"당신은 아버지가 맞군요."

"아, 내 아들아!"

그 때, 몽테크리스토 백작이 방 안으로 썩 들어섰다. 두 사람은 백작을 보자 훨씬 더 실감나게 연기를 하며 눈물을 흘렸다.

"청년이 다 되어서 아버지를 만나니 그 감회가 오죽 하겠소."

백작 역시 그들의 거짓 연기를 모른 체 해 주었다. 며칠 뒤, 백작은 자신의 별장으로 사람들을 초대했다.

그 곳에는 검찰 총장 빌포르 부부를 비롯해 당그라르 부부, 신문 기자 보샹, 르노 남작, 장관 비서인 드브레, 막시밀리안과 카발칸티 후작 부자가 모여 있었다. 몰세르 백작 가족은 사정이 생겨 그 곳에 올 수 없다고 하인이 전해 주었다.

이 별장은 원래 빌포르가 소유하고 있던 것으로 몽테크리스토 백작이 넉넉하게 값을 치르고 사들인 후, 새로 꾸며놓은 것이다.

"대단히 아름다운 별장이군요."

"처음에는 오래된 집이라 그런지 볼품이 없었어요. 특히 이층은 무슨 사건이 일어난 곳처럼 별로 들어가고 싶지 않았죠."

백작은 신문 기자 보샹의 감탄에 이렇게 대답했다. 백작은 자기 별장을 방문한 사람들 중에 빌포르를 무심히 쳐다보았다.

'내 짐작이 맞아. 빌포르 검찰 총장의 얼굴이 저렇게 굳어지는 걸 보면 말이야.'

성대한 파티가 끝난 뒤, 그 곳에 온 손님들이 하나 둘씩 집으로 돌아갔다. 파티 내내 별로 기분이 좋지 않았던 빌포르 검찰 총장은 사람을 시켜 백작에 대한 것이면 무엇이든지 알아볼 것을 명령했다.

"뭘 좀 알아냈나?"

"그게 좀 이상합니다. 그 백작이란 사람에 대한 기록은 남아 있는 게 없습니다. 단지 푸조니 신부와 윌모어 경이라는 사람이 백작과 자주 만나는 사람인 것 같습니다."

빌포르는 시간을 내어 윌모어 경과 푸조니 신부를 각각 만나 알아본즉, 별로 경계할 만한 사람이 아니란 것을 확인했다.

'그래, 그 백작이란 자가 내게 무슨 나쁜 마음을 가지고 그런 말을 한 것은 아닐 거야. 내게 무슨 원한이 있다고 나를 해치려 하겠어?'

별장에서 백작의 초대를 받은 지 얼마 후, 당그라르 남작이 샹젤리제에 있는 백작의 집으로 찾아왔다.

"잘 오셨습니다."

"이 집은 별장만큼이나 아름답군요."

서로 인사를 나눈 뒤, 자리를 함께 했다.

"오늘 백작의 집을 방문한 것은 드릴 말씀이 있어서입니다."

"그래요?"

"일전에 백작의 별장에서 뵌 적이 있는 카발칸티 후작에 대해 알고 싶군요."
"그 사람이라면 이탈리아에서 알아 주는 부자라고 알고 있습니다. 이번에 파리를 찾아온 것은 하나뿐인 아들을 결혼시키려는 계획이라고 합니다."
"오호, 그게 정말입니까?"
당그라르 남작은 입맛이 당기는지 자세를 고쳐 앉았다.
"게다가 가지고 있는 재산 중 일부도 이 곳에서 투자하려고 알아보는 중이라는 걸 얼핏 들은 적이 있어요."
"백작님의 말씀이 사실이라면 제가 도움이 될 수 있을 것 같군요."
몽테크리스토 백작은 당그라르의 속마음을 꿰뚫어 보고 있었다.
'스페인 공채에서 많은 손해를 보고 그걸 회복해 보려고 안간힘을 쓰고 있군.'
얼굴엔 비굴한 웃음까지 지어 보이며 당그라르는 손을 비볐다.
"헤헤, 백작님이 카발칸티 후작을 저의 은행에 모실 수 있도록 다리를 놓아 주신다면 더 없는 영광이겠습니다. 그리고 또……."
"또 다른 부탁이라도 있나요?"
"제게 딸이 하나 있습니다. 백작이 초대해 주신 별장의 파티 때 카발칸티 후작의 아들을 보니 늠름해 보이던데, 제 딸과 잘 어울릴 것 같습니다만……."
백작은 마음속으로 당그라르에 대해 화가 치밀었다.
'돈에 눈이 멀어 사위가 될 사람에 대해 확실히 알아보지도 않고 딸의 인생을 함부로 결정지으려 하다니!'
자신의 앞에서 아무렇지도 않은 듯 부탁을 하고 있는 당그라르를 향해 백작은 한 마디 톡 쏘았다.

"제가 알기로는 몰세르 백작의 아드님인 알베르 자작과 혼담이 오가고 있는 것으로 알고 있습니다만……."

"아, 백작님도 알고 계셨군요. 하지만 전 예전부터 둘 사이의 교제를 별로 달가워하지 않았어요."

"무슨 이유라도 있나요?"

"사실 몰세르 백작과는 오랜 동안 친구 사이로 지내왔죠. 원래 이름은 페르낭이라고 한답니다. 백작이란 지위는 돈으로 사들인 것으로 별로 좋은 집안 출신이 아닙니다."

"단지 그런 이유 때문에 결혼을 반대하는 겁니까?"

하지만 당그라르 남작은 고개를 가로저었다.

"그렇지 않습니다. 몰세르 백작에게는 숨겨진 비밀이 있는데, 그게 사람들 사이에 입에서 입으로 오르내리곤 하지요."

"제게 아시는 대로 말씀해 주시겠어요?"

"아마 그리스에 있을 때 알리 파샤 사건과 연관이 있을 거라고 사람들이 말하더군요."

"음, 만약 그 사건의 진실을 알고 싶다면 몰세르 백작의 본명으로 그리스에 사람을 시켜 알아보면 확실히 알 수 있겠군요."

당그라르는 백작의 말에 고개를 끄덕였다. 당그라르가 다녀가고 난 뒤 백작은 문득 생각나는 사람이 있었다.

"모렐 씨의 아들 막시밀리안을 한번 찾아가 봐야지."

다음 날 백작은 모렐 씨의 딸 줄리 부부가 사는 곳을 방문하였다.

"그 동안 어떻게 지내는가 궁금해서 들렀네."

"아, 정말 와 주셨군요."

막시밀리안은 백작의 모습을 보고 반가워 어쩔 줄을 몰랐다.

"저기 아가씨는 누군가?"

"아 예, 제 동생 줄리입니다. 줄리!"

정원에서 꽃을 가꾸던 줄리는 오빠가 부르는 소리에 돌아보았다.

"이리 와서 인사해. 일전에 말씀드린 몽테크리스토 백작님이야."

"어머, 귀한 손님이 오셨는데 아무런 준비를 해 두지 않았으니 이를 어떡하지?"

"아닙니다. 그냥 지나는 길에 들른 것뿐입니다, 아가씨. 크게 신경 쓰지 마십시오."

줄리는 갖추어 입지 못한 옷차림이 부끄러웠는지 얼른 안으로 들어갔다. 백작은 정원을 걸으며 막시밀리안과 정다운 이야기를 나누었다.

"아버님은 돌아가셨어요."

"저런!"

"하지만 아주 편안한 죽음을 맞이하셨어요. 줄리가 안으로 들어오라고 손짓을 하는군요. 자, 그만 안으로 들어가실까요?"

집 안으로 들어가 간단한 식사를 한 그들은 이야기꽃을 피웠다. 줄리의 곁에는 그녀의 남편 엠마누엘이 자리잡고 있었다.

"막시밀리안의 가족들은 정말 행복해 보이는군."

"늘 행복했던 것은 아닙니다. 힘든 나날을 보낸 적도 있었지요."

갑자기 줄리 양이 지난날을 회상하며 눈물을 흘렸다.

"아버지가 운영하시던 모렐 상회가 다 쓰러져 갈 무렵, 뱃사람 신배드란 정체 불명의 사람으로부터 도움을 받아 위기를 넘길 수 있었죠."

"그랬군요."

여동생 줄리는 마치 보물이라도 되는 듯이 낡고 헌 지갑을 조심스럽게 백작에게 보여 주었다.

"이건 뭐죠?"

"바로 우리를 구해 준 은인이 보내 주신 지갑입니다. 그분을 만날 때까지 보관해 두려고 소중히 간직하고 있지요."

"참으로 아름다운 일이군."

백작은 아직도 자신들을 도와 준 은인을 잊지 않고 감사히 여기는 모렐 씨 남매를 보고 마음이 찡해 오는 것을 느꼈다.

"아직도 그 사람이 누군지 모르나요?"

"짐작이 가는 사람이 한 사람 있기는 합니다. 아버지가 돌아가시면서 '우리를 도와 준 사람은 어쩜 에드몽 당테스일지도 모르겠구나' 하셨어요. 처음에는 믿지 못했지만 시간이 갈수록 혹시 아버지의 짐작이 맞을지도 모른다는 생각이 들곤 해요."

"그 에드몽 당테스에 대해 무얼 알고 있나요?"

진지한 표정으로 백작은 막시밀리안을 향해 이렇게 물었다.

"아버지가 운영하시던 모렐 상회의 선원들 중 한 사람이었죠. 늘 성실하고 밝은 사람이었는데, 결혼식 이후 그 행방을 알 수가 없다고 하더군요."

백작은 이야기의 화제를 다른 곳으로 돌렸다.

"제가 아는 사람 중에 사람들을 몰래 도와 주는 분이 한 분 있기는 한데 혹시 그분이 아닐까요?"

"아, 그런 분을 알고 계신다면 부디 제게 일러 주세요."

"윌모어 경이라는 영국 신사입니다. 하지만 그가 어디에 살고 있는지 아는 사람이 없소."

"안타깝군요."

막시밀리안은 혹시나 은인을 만날 수 있을까 기대했었다. 하지만 다시 아무것도 알 수 없게 되자 실망이 컸다. 모렐 씨 남매와 즐거운 시간을 가진 뒤, 작별 인사를 하고 백작은 그 집을 나왔다.

"어디서 뵌 분 같은데……."

"줄리, 지금 뭐라고 중얼거리는 거니?"

"저 백작님을 어디선가 본 적이 있는 것 같아."

막시밀리안도 혹시나 하는 생각에 고개를 갸우뚱거렸다. 모렐 씨의 집을 떠난 백작은 마차를 몰아 집 근처에 있는 에데의 집을 찾았다.

"어머, 백작님. 어서 오세요."

첫눈에 보아도 아름다운 여인이 백작을 반갑게 맞아들였다. 에데라는 이 여인은 그리스 총독이었던 알리 파샤의 딸이었다.

아름다운 얼굴이었지만 어딘지 모르게 슬픈 눈을 가진 에데는 백작에게만 털어놓은 비밀이 있었다. 그녀가 아직 어렸을 때, 아버지 알리 파샤가 이끌던 군대에 반란이 일어나자, 프랑스 장교였던 몰세르 백작이 반란군에 비밀리에 가담하게 되었다.

몰세르 백작, 즉 페르낭은 알리 파샤를 가까이에서 모시던 사람으로 알리 파샤가 죽자 아예 드러내 놓고 돈을 챙기기 시작했다.

"알리 파샤의 아내와 딸은 노예 시장에 내다 팔아라!"

그는 자신이 모시던 총독의 가족들을 아무 거리낌 없이 이렇게 처리했다. 결국 남편을 잃은 충격으로 에데의 어머니는 죽고, 홀로 남은 에데는 노예 시장에서 백작에게 발견되어 이 곳까지 오게 된 것이다.

이런 슬픈 사연을 가지고 있는 에데는 백작을 의지하며 따랐다. 백작 역시 과거에 엄청난 일을 겪었기 때문에 그녀에게 연민을 느꼈다.

"에데, 차 한 잔 마실까?"

"좋아요, 백작님. 그런데 어디서 오시는 길이에요?"

"언젠가 이야기했던 적이 있었지. 나의 아버지를 잘 보살펴 준 모렐 씨 말이야."

"아, 들은 적이 있어요."

"그분은 이미 돌아가셨고, 남매가 사는 집엘 들러봤어. 집안 전체에 화목하고 행복한 기운이 넘쳐흘렀어."

"백작님 기분이 무척 좋아 보여요."

"하하. 그래? 마음이 따뜻한 사람들과 함께 했기 때문이겠지."

에데 역시 백작님을 따라 미소를 지어 보였다.

첫번째 복수

한편, 당그라르가 몽테크리스토 백작을 찾아와 카발칸티 후작에 관한 일을 묻고 간 지 며칠 뒤였다.

"아니, 이게 누구신가?"

당그라르의 집에 뜻하지 않은 손님이 찾아왔다. 그는 다름 아닌 몰세르 백작으로 당그라르는 그의 방문이 별로 내키지 않았다.

"드릴 말씀이 있어 왔소."

"우선 이리로 앉으시오."

곧 하녀가 차와 간단한 음식을 내왔다. 몰세르 백작이, 내온 차를 들어 입으로 가져다 대며 말을 꺼냈다.

"아시겠지만 그 동안 아이들 결혼 문제……."

그러자 당그라르가 무슨 이야기인지 눈치채고는 재빨리 대답했다.

"아이들 결혼 이야기는 당분간 하지 말기로 합시다."

"아니, 지금 뭐라고 하셨소?"

깜짝 놀라 들고 있던 찻잔을 내려놓으면서 몰세르 백작이 물었다.

"진정하시오."

"아이들의 결혼 이야기가 나온 지 어디 하루 이틀이오. 이제 매듭지을 때도 된 것 같은데, 더 미루자고 하시니 어쩌자는 말이오?"

"그렇게 흥분하지 마시고 제 말을 좀……."

"당그라르 남작께서는 이 결혼을 무효로 하고 싶으신 것 같은데, 맞습니까?"

"그런 게 아니라, 조금만 시간을 더 갖자는 뜻입니다. 뭐 좀 알아볼 것도 있고 해서."

몰세르 백작은 기분이 몹시 상하여 더 이상 이야기를 나누고 싶지 않았다. 하지만 당그라르 남작이 마지막으로 한 말이 걸렸다.

"지금 알아볼 것이 있다고 하셨습니까?"

"사실대로 말씀드려야겠군요. 지금 당신에 대해 좋지 않은 이야기가 여기저기 떠돌고 있어요. 그래서 그 소문을 확인한 뒤에 결혼 문제에 대해 상의를 하려고 했죠."

"아니, 내가 뭘 잘못했길래 사람들이 속닥거린다는 겁니까?"

"아마 며칠 후면 자연히 알게 될 것이오. 아직 아무것도 확인된 것이 없으니 이 이야기는 그만 하기로 합시다."

당그라르는 더 이상 대꾸를 하지 않고 입을 다물어 버렸다.

"아예 결혼 말을 없었던 것으로 합시다. 그럼 이만 가 보겠소."

몹시 기분이 상한 몰세르 백작은 뒤도 돌아보지 않고 그 집을 나와 버렸다. 그런 일이 있은 뒤, 한 신문에 이런 기사가 실렸다.

> 그리스 총독 알리 파샤는 측근에 있던 프랑스 장교 페르낭에 의한 배신으로 죽음을 맞이한 것이다.

거실에 앉아 신문을 읽고 있던 당그라르의 얼굴에 야릇한 미소가 떠올랐다.

'짐작한 대로야. 이제야 몰세르 백작의 정체가 밝혀졌군.'

그 때, 이 신문에 실린 기사를 또 다른 젊은이가 읽고 있었다. 그는 페르낭, 즉 몰세르 백작의 아들 알베르였다.

"이런, 이게 도대체 어떻게 된 일이야? 페르낭이라면 아버지의 본명이 아닌가!"

두 손을 바르르 떨며 흥분을 가라앉히지 못한 알베르는 또 한 번 소리를 내질렀다.

"아니, 게다가 이 신문사는 보샹이 근무하는 곳이잖아. 잘못되어도 뭐가 단단히 잘못된 게 틀림없어."

외출할 준비를 대충 마친 알베르는 급히 마차를 몰아 보샹이 근무하는 곳으로 향했다.

"알베르 아닌가? 자네가 이 곳엔 웬일이야?"

신문사로 들어서는 알베르를 멀리서 발견한 보샹이 그의 곁으로 다가서며 반갑게 알은체를 했다.

"보샹, 잘 만났어."

"안색이 좋지 않은 걸 보니 무슨 일이 있는 것 같은데."

"오늘 오전에 나간 기사를 자네도 보았겠지?"

"당연하지."

프랑스 장교 페르낭이란 사람이 몰세르 백작인 줄은 꿈에도 모르는 신문 기자 보샹은 아주 당연한 듯이 대답을 했다. 알베르는 잠시 흥분을 가라앉히고 자신이 찾아온 이유를 설명해 주었다.

"세상에. 그게 사실인가?"

"그렇다네. 이제 그 신문 기사가 우리 가문에 흠집을 내려는 못된 자들의 소행인 것이 드러났으니 당장 사과 기사를 실어 주게."

하지만 보샹은 곧 대답을 하지 않았다.

"자네 지금 뭘 망설이는가?"

"이봐, 알베르. 자네 심정은 충분히 이해가 가지만 신문 기사라는 것은 함부로 쓰여진 것들이 아니네. 충분한 사실을 근거로 해서 기록되는 것이라네."

"아니, 그럼……."

"아, 진정하게. 우선 내가 그 사실의 진실 여부를 확인해 보도록 하겠네. 만약 가짜로 만들어 낸 것이라면 내 명예를 걸고 정정 기사를 내보내겠어. 머지않아 연락을 줄 테니 그만 집으로 돌아가서 기다리게."

"할 수 없군. 그럼 자네만 믿겠네."

인사도 하는 둥 마는 둥 하며 신문사를 나온 알베르는 속상한 마음을 가눌 길이 없어 여기저기를 쏘다녔다.

며칠 뒤, 카발칸티 후작의 아들 노릇을 능숙하게 하고 있는 안드레아 카발칸티 자작은 당그라르 집을 방문했다. 당그라르는 아주 기쁜 얼굴로 그를 맞이했다.

"자주 집을 방문해 주어야 서로 친해질 수 있는 것 아닙니까."

"이렇게 친절히 맞아 주시니 감사합니다."

"아버님은 편히 잘 계십니까?"

"예, 요즘은 어디 투자할 데를 알아보느라 좀 바쁘십니다."

"아, 그래요?"

당그라르는 돈 이야기가 나오자 구미가 당기는지 안드레아 앞으로 바짝 다가앉았다. 그리고는 급하게 돈을 쓸 데가 있으면 아무 거리낌 없이 말해 달라고 했다.

"현금을 써야 할 때 어음밖에 없는 경우가 있기는 합니다만."

"아유, 그럼 당장 저를 찾아오세요. 즉시 해결해 드릴 테니."

안드레아는 입이 쩍 벌어지며 고개를 끄덕였다.

'푸조니 신부 덕에 귀족 생활을 해 보니 좋기는 좋군. 이렇게 보증도 없이 돈을 마구 빌려 준다고 하니 말이야.'

당그라르와 몇 마디 더 이야기를 나눈 뒤, 안드레아는 친절한 배웅을 받고 마차에 올라 집으로 돌아갔다.

집으로 돌아간 안드레아에게 한 통의 편지가 와 있었다. 겉봉을 뜯어 본 뒤, 내용을 대강 읽은 그는 편지를 바닥에 내팽개쳤다.

"쳇! 귀신같이 내가 여기에 있다는 걸 잘도 알아 내셨군."

곧장 준비를 하고 다시 집을 나서는 안드레아는 조금 전과는 아주 다른 모습을 하고 있었다. 귀족들이 입는 훌륭한 옷을 벗어 버린 뒤, 허름한 옷으로 갈아입고는 고개를 푹 수그린 채 빠른 걸음으로 걸어갔다.

'이쯤이었던 것 같은데.'

지저분한 거리의 한 집에 도착한 안드레아는 그 집 문을 세차게 두드렸다. 그러자 안에서 문이 열렸다.

"어느 놈이야!"

얼핏 나이가 들어 보이는 한 사나이가 고개를 삐죽 내밀며 화난 얼굴을 하고 있었다.

"호, 이게 누구야. 귀족 청년이 우리 집을 다 찾아 주다니."

빈정거리는 말투로 안드레아를 반기는 그는 다름 아닌 카드루스였다. 예전에 양복점 일을 하던 그가 여관 운영에도 별 재미를 보지 못할 즈음, 푸조니 신부를 만났었다.

그 때 에드몽 당테스에 얽힌 비밀 이야기를 해 주고 받은 그 보석으로 인해 그는 감옥에 갇히는 신세가 되고 말았던 것이다. 보석을 사러 온 중개상인을 죽여 보석과 돈을 모두 차지하려다가 결국 신세를 망쳤다.

그 뒤, 베네딕토라는 젊은이와 감옥에서 만나 감옥을 탈출한 뒤 이 곳에서 남의 눈을 피해 숨어 있던 중이었다. 오늘 카드루스를 찾아온 귀족 청년 안드레아가 바로 베네딕토였다. 이 청년에게도 자신이 알지 못하는 출생의 비밀이 숨겨져 있다.

베네딕토는 검찰 총장 빌포르의 숨겨진 아들로, 그 아버지에 의해 태어날 당시 산 채로 땅에 묻혀질 뻔했다.

하지만 지금은 몽테크리스토 백작의 충실한 하인이 된 베르치오에 의해 생명을 건질 수 있었다.

"백작님, 빌포르 그 놈은 아주 나쁜 놈입니다. 우리 집안의 원수입니다. 전 빌포르의 숨겨진 아들을 살려 기른 적도 있었지요. 아비에게 버림받은 어린아이에게 무슨 죄가 있으랴 싶어 잘 돌봐 주려 했으나 늘 손버릇이 나빠 남의 물건을 훔치곤 했어요."

언젠가 하인 베르치오가 백작에게 이런 이야기를 해 주었다. 백작은 복수의 칼을 갈아온 터라, 베네딕토를 안드레아란 귀족 청년으로 둔갑시켜 놓은 것이다.

"편지까지 보내어 빨리 이 곳에 와달라길래 병이라도 걸렸나 했지? 무슨 일이야?"

"호, 아주 거만해졌군."

카드루스는 귀족 행세를 하는 베네딕토가 우습다는 듯 비꼬았다.

"그래봤자 넌 내 말 한 마디면 끝장이야."

"지금 나에게 협박이라도 하는 건가? 그 동안 내가 받는 돈의 일부를 꼬박꼬박 부쳐 준 걸 잊지는 않았겠지."

"설마 잊을 리가? 그보다 난 더 이상 쩨쩨하게 살고 싶지 않아. 목돈만 마련되면 어디 먼 나라로 가서 다시 잘 살아 보는 게 내 꿈이야."

얼핏 얼굴에 주름이 잡힌 카드루스는 마지막으로 굳은 결심을 한 듯했다. 무언가 심상치 않음을 눈치챈 베네딕토는 슬쩍 물었다.

"어쩌려고 그래?"
"내게 한 가지만 알려 주면 돼."
"한 가지만?"
"그래. 몽테크리스토 백작이 집을 비우는 날이 언제쯤인지 그것만 알아오면 돼."
"지금 무슨 소리야? 그럼 설마……."
"큰돈을 만지려면 부잣집을 털어야지. 그것도 네가 잘 알고 있는 사람들 중에서 말이야. 사실 앞으로 네 장인이 될 은행가 당그라르의 집을 털까도 생각해 봤는데, 그건 널 위해 좀 참기로 했어."
엄청난 계획을 들었을 때 베네딕토는 잠시 머리가 멍했다.
'어쩌지? 벌써 작정을 하고 날 부른 모양인데. 만약 이번 일을 거절했다가는 날 그냥 내버려 두지 않을 텐데.'
방법을 찾아보면 무슨 수가 있겠지만, 도둑들의 소굴에서 생활해 온 베네딕토는 오래 생각하는 것을 귀찮아했다.
"좋아! 이번이 당신과의 마지막 거래야."
"물론이지. 이번 일만 잘된다면 나도 널 두 번 다시 보고 싶지 않아."
"몽테크리스토 백작은 요새 자주 별장에 가는 편이야. 이틀 후에 별장으로 출발하는 걸로 알고 있어."
"틀림없겠지?"
이틀 뒤, 베네딕토가 알려 준 대로 몽테크리스토 백작은 머리도 식힐 겸 별장을 향해 출발 준비를 했다.
"여기 편지 한 통이 왔습니다."
"그래?"
하인에게서 건네받은 편지의 내용인즉, 오늘 밤 저택에 도둑이 올 테니 단단히 조심하라는 것이었다.

"호, 내 집을 털려는 놈이 있다고? 이봐! 알리. 이리 좀 와 보게."
백작은 힘센 하인 알리를 불러 편지의 내용을 대강 일러 주었다. 그러자 알리는 도둑놈쯤은 문제없다는 듯이 걱정 말라고 손짓을 했다.
"그럼 어디 오늘밤을 기대해 볼까."
이윽고 집 안에 있던 하인들을 모두 별장으로 떠나보낸 뒤 알리와 백작은 둘만 집 안에 남아 밤이 되기를 기다렸다.
이미 어둠이 사방에 내리기 시작하자, 집 안은 쥐죽은 듯이 고요했다. 이층에 숨어 침입자가 오기를 기다리고 있던 백작의 귀에 무슨 소리가 들렸다.
"탁!"
창문이 바닥에 떨어지는 소리와 함께 시커먼 물체가 집 안으로 들어서는 것이 어렴풋이 눈에 들어왔다. 숨을 죽이고 있는 백작의 어깨를 가볍게 두드리는 듯하여 뒤를 돌아다보니 알리가 무언가를 가리켰다.
"알리, 왜 그래?"
말을 못하는 하인 알리는 창밖을 가리켰다. 그 곳에는 또 다른 사람의 그림자가 서성이고 있었다.
"한 놈이 더 있군."
집 안으로 들어선 도둑은 집 안의 위치를 대강 알고 있는지 망설임 없이 이층으로 올라왔다. 곧장 침실로 들어선 그는 금고를 열려고 했다.
설마 자신을 지켜보고 있는 사람이 있을 줄은 꿈에도 몰랐던 도둑은 생각대로 금고의 문이 열리지 않자 가지고 왔던 손전등을 켰다.
'앗, 저 자는…….'
백작은 갑자기 나오려는 소리를 손으로 얼른 막았다. 불빛에 비친 도둑은 바로 카드루스였던 것이다. 곁에 있던 하인 알리가 더 이상 못 참겠다는 듯이 자리에서 막 일어서려고 했다.

"안 돼, 내가 알아서 할 테니 가만 있어."

곧 침실에 연결된 비밀 통로를 통해 살며시 방을 빠져 나간 백작은 잠시 후, 신부의 복장으로 돌아왔다.

"카드루스! 여긴 웬일인가?"

자신을 알아보는 사람의 목소리가 뒤에서 들려오자, 금고 문을 여느라 여념이 없던 카드루스는 가슴이 철렁 내려앉았다.

"당신은……. 푸, 푸조니 신부님."

"오호, 용케도 기억하고 있었군. 잘 지내고 있는 줄 알았는데, 이런 곳에서 다시 만나게 되다니."

카드루스 역시 생각지도 못했던 푸조니 신부를 보고는 의아해했다. 그는 얼른 변명을 시작했다.

"이 집에 온 것은 다른 사람이 시켜서입니다."

"그게 누군가?"

"귀족 청년 안드레아 행세를 하고 있는 베네딕토 녀석이 지시한 데에 전 그냥 따른 것뿐입니다."

푸조니 신부는 카드루스의 말을 믿어야 할지 잠시 머뭇거렸다. 그 때였다. 기회를 노리고 있던 카드루스가 갑자기 품에서 칼을 꺼내 백작의 가슴을 찌르려 했다.

"앗!"

백작은 순간적으로 팔을 들었다. 그러자 두 사람의 모습을 지켜보던 있던 알리가 번개같이 카드루스의 팔을 내리쳤다.

"윽!"

힘센 하인 알리의 공격을 받은 카드루스는 그 자리에 고꾸라지고 말았다. 하마터면 백작이 목숨을 잃을 뻔한 순간이었다.

"안 되겠군. 이 놈을 당장 경찰서에 넘겨야겠다."

"아, 부디 한 번만 용서해 주세요."

아직 자리에서 일어서지 못한 카드루스는 눈물을 흘리며 애원했다.

"이번에 들어가면 다시는 영영 햇빛을 볼 수 없게 됩니다. 제발……."

백작은 자신을 죽이려고 한 카드루스였지만 옛날 자신과 같은 건물에서 살던 일을 기억하며 용서해 주었다.

"좋다. 그 대신 내가 시키는 대로 하도록 해."

"고맙습니다. 무슨 일이든지 다 하겠어요."

머리를 조아리며 감사의 인사를 거듭하는 카드루스 앞에 신부님은 몇 마디 글을 적어 내밀었다.

당그라르 남작 보시오.

안드레아 카발칸티 자작의 본명은 베네딕토로 나쁜 짓만 일삼는 전과자이니 사람을 시켜 잘 알아보시기 바랍니다.

카드루스

카드루스는 서슴없이 그 종이에 사인을 했다. 백작이 가도 좋다고 손짓을 하자 카드루스는 얼른 그 방을 빠져 나와 현관으로 달려갔다.

혹시나 백작의 마음이 변할까 싶어 서둘러 돌담 위에 걸쳐 둔 사다리를 타고 밖으로 나온 카드루스가 겨우 안심을 하려던 찰나였다.

"악!"

담 밖에서 기다리던 또 한 사나이가 카드루스를 칼로 찔렀다. 고요한 밤이라 카드루스의 비명 소리는 저택 안까지 생생하게 들려왔다.

"알리! 지금 사람 소리가 난 것 같은데."

알리는 대답 대신 고개를 끄덕였다. 백작은 신부의 옷을 입은 채로 알리와 함께 서둘러 집 밖으로 뛰쳐나갔다.

곧 피를 흘리고 있는 카드루스를 집 안으로 데리고 와서 자리에 눕히고는 알리에게 빌포르 검찰 총장과 의사를 데려오도록 했다.

그 사이 잠시 정신이 든 카드루스가 힘없는 목소리로 무언가를 말하려고 애를 썼다.

"천천히 말하시오."

"베……. 네……. 딕……. 토……."

"혹시 당신을 이렇게 만든 사람의 이름인가? 내 말이 맞으면 고개를 끄덕이시오."

그러자 카드루스는 겨우 고개를 끄덕였다. 백작은 서둘러 카드루스를 죽이려 했던 범인은 베네딕토란 짧은 글을 써서 카드루스에게 내밀었다. 곧 그는 펜을 달라는 시늉을 손짓으로 해 보였다.

"여기 있소."

펜을 든 그는 백작이 쓴 종이에 자신의 이름을 휘갈겨 썼다. 이제 할 일을 다 마친 듯 카드루스가 눈을 감으려하자 백작은 신부복을 벗었다.

"자, 카드루스! 나를 똑똑히 보아라."

카드루스는 가물거리는 눈을 치켜뜨며 백작을 보려고 했다.

"사람은 죄를 지은 만큼 벌을 받는 거다. 너 역시 예전에 한 사람의 운명이 엉망이 되는 것을 눈 감아 준 일이 있었지? 넌 그 뒤로도 죄를 뉘우치고 살아가기는커녕 더 못된 짓을 하며 세상을 살아왔다. 네 앞에 있는 사람은 너희들이 지옥의 성에 가두어 버렸던 에드몽 당테스다!"

"아아……."

그제야 백작의 본모습을 알아 본 카드루스는 괴로운 신음 소리를 내질렀다. 그제서야 그는 죽음 앞에서 자신의 죄가 얼마나 큰지를 깨달을 수 있었다.

알리가 검찰 총장 빌포르와 의사를 데리고 그 곳에 나타났을 때, 카드루스는 이미 이 세상 사람이 아니었다.

밝혀진 진실

대저택에서 일어난 살인 사건으로 파리는 한동안 그 일로 떠들썩했다. 하지만 베네딕토의 행방을 찾을 길이 없던 빌포르 검찰 총장 역시 두 손을 놓고 있는 상태였다.

그 사이, 알베르 역시 아버지의 일이 사람들 사이에 거론되지 않자 별로 마음에 담아 두지 않았다.

"어서 오게. 왜 그 동안 통 연락이 없었나?"

신문 기자 보샹이 찾아오자, 알베르는 반갑게 그를 맞아들였다.

"자네 벌써 잊은 건 아니겠지? 그 동안 자네 아버지 일로 그리스에 다녀왔네."

"그럼 전에 신문에 난 기사 때문에……."

알베르는 얼마 전에 있었던 일을 떠올렸다.

"그렇다네. 친구의 명예가 걸린 문제라 내가 직접 나섰지. 하지만……."

"안색이 몹시 창백해 보이는데. 혹시……."

"안됐지만 그 신문 기사는 사실이었어. 여기 그 증거 자료가 있네."

"이럴 수가……."

그 동안 아버지를 존경하고 믿어 왔던 알베르는 하루아침에 모든 게 엉망이 되어 버린 것 같아 몹시 혼란스러웠다.

"다시 한 번 묻겠네. 틀림없이 프랑스 장교 페르낭이 자신의 상관이었던 알리 파샤를 배반했나?"

신문 기자 보샹은 친구인 알베르의 눈을 쳐다보기가 민망했던지 고개를 들지 못하고 가만히 고개를 끄덕였다.

떨리는 두 손으로 서류를 집어 든 알베르는 천천히 서류를 읽어 내려갔다. 내용인즉, 그리스 총독 알리 파샤는 터키 군에게 거액의 돈을 받은 프랑스 장교 페르낭에게 살해되었다는 사실에 여러 사람이 서명을 한 것이었다.

"아, 이제 어떡해야 하나?"

그 동안 곁에서 친구 알베르를 지켜보았던 신문 기자 보샹은 측은한 마음이 들었다.

'착실하고 똑똑한 알베르에게 아버지의 일은 몹시 충격이 클 거야. 내가 도와 줄 방법은 없을까?'

보샹은 머리를 감싸며 괴로워하고 있는 알베르를 조용히 불렀다.

"알베르, 너무 괴로워하지 말게. 지금 이 서류에 관한 일은 자네와 나밖에 모르는 일일세. 그러니……."

"아, 이제 우리 집도 파멸이야."

"진정하고 내 말 좀 들어 보게. 자네와 나만 입을 다물면 이 일은 더 이상 세상에 알려지지 않는단 말일세."

"그게……. 그렇게 해도 될까?"

아직 젊은 청년인 알베르는 세상 사람들이 자신의 집안을 향해 손가락질하는 것을 견뎌 내기에는 힘이 들었다. 비굴하지만 덮어둘 수 있는 방법만 있으면 오히려 그 편이 낫다고 생각했다.

신문 기자 보샹은 알베르를 위로한 뒤 돌아갔다. 혼자 있게 된 알베르는 비밀을 간직한 채 아버지에 관한 증거 자료를 불태워 버렸다.

'그래, 잊자. 이 일은 없었던 일로 잊어버리자.'

이 일 이후로 알베르는 아버지와 마주치는 것을 되도록 피하려 했다.

그러지 말자고 마음속으로 다짐을 했지만 마음먹은 대로 되지 않았다.

"알베르, 무슨 좋지 않은 일이라도 있니? 요즘 들어 몸이 부쩍 야위어 보이는구나. 친구들과 어울려 여행이라도 하지 그러니?"

"아, 아닙니다. 아무 일도 없어요."

몰세르 백작은 아들의 안색이 좋아 보이지 않자, 걱정스러운 듯이 물었다. 알베르는 아버지에게 간단히 대답을 하고는 밖으로 나와 버렸다.

'아, 괴로워. 언제쯤이나 내 마음이 원래대로 돌아오려나.'

그길로 그는 몽테크리스토 백작의 집을 찾아갔다. 알베르는 백작과 함께 있으면 마음이 편안해졌다.

"알베르, 어서 오게. 그 동안 별일 없었나?"

"잘 지냈어요. 백작님은 어떠신가요?"

"자네도 알다시피 우리 집에서 살인 사건이 일어났지. 그 날 이후로 사람들이 자주 들락거리는 통에 몹시 힘이 들었네."

"저런, 당분간 여행이라도 가서 쉬시는 게 낫겠군요."

백작은 이 때다 싶어 알베르에게 권하는 말을 했다.

"내가 보기에는 자네도 안색이 좋지 않은 것 같군. 나와 함께 노르망디로 여행을 함께 떠나지 않겠나?"

"글쎄요."

잠시 머뭇거리던 알베르는 백작의 권유에 흔쾌히 승낙을 했다.

"좋습니다. 마침 이 기회에 머리도 식힐 겸 함께 따라가겠어요."

"좋아, 그렇다면 내일 즉시 출발하기로 하세."

노르망디로 떠날 채비를 갖춘 그들은, 다음 날 마차와 함께 출발했다. 백작은 노르망디에도 아름다운 별장을 가지고 있었다.

"아, 시원한 공기, 맑은 하늘. 가슴이 탁 트이는 것 같아!"

"나 역시 집을 떠나 이 곳에 오길 잘했다는 생각이 드는군요."

백작과 알베르는 이런 이야기를 주고받으며 그 곳에서 즐거운 시간을 보냈다. 함께 낚시도 하고 바람을 가르며 요트에 몸을 싣기도 했다.

그 곳에서 보낸 며칠 뒤, 알베르는 신문 기자 보샹이 보낸 한 통의 편지를 받았다.

"이런!"

편지를 읽어 내려가던 알베르의 얼굴색이 점점 굳어져 가더니 급기야 편지를 내팽개치고 말았다.

"왜, 무슨 일이 생겼나?"

"아, 백작님. 급한 일이 생겨서 전 그만 돌아가야겠어요."

알베르는 백작에게 더 이상 이유를 설명하지 않고 그 곳을 떠났다. 백작은 하인을 시켜 그가 안전하게 돌아갈 수 있도록 해 주었다. 그제야 백작은 알베르가 엉겁결에 떨어뜨린 편지를 주워들었다. 그 속에는 편지와 함께 신문 기사가 오려져 있었다.

얼마 전에 보도됐던, 알리 파샤를 궁지로 몰아넣었던 프랑스 장군 페르낭이 현재 국회의원으로 있는 몰세르 백작임이 드러났다.

결국 친구의 우정으로 묻어 두었던 비밀이 누군가에 의해 세상에 알려지고 말았다. 백작은 뜻 모를 미소만 지어 보였다.

이제 덮어두기에는 너무나 커져 버린 이 일의 진실을 밝히기 위해 조사 위원회가 구성되었다. 몰세르 백작 역시 이 사실을 통보받고 잠시 휘청했다.

'누가 이런 짓을……. 어차피 터진 일이라면 내가 나서서 해결해야지. 이 일을 알고 있는 증인도 없을 테니까 무조건 발뺌을 하는 거야.'

작정한 그는 조사 위원회가 나와 달라는 시간에 맞추어 집에서 출발했다. 방청객들이 모인 자리에 조사 위원회 위원들이 자리에 앉자 곧 회의가 시작되었다.

"먼저 거짓 없게 대답할 것을 선서하시오."

"진실만을 말하겠소."

몰세르 백작은 아무 거리낌 없이 위원회 앞에 선서를 했다.

"자, 몰세르 백작. 신문에 난 기사 내용을 인정하시겠소?"

"그 신문 기사는 분명 저를 해치려는 사람이 꾸민 음모입니다. 그 당시 그리스 총독이었던 알리 파샤는 저를 무척 신임했어요. 터키 왕과 교섭이 실패한 뒤, 제가 그분을 찾았을 때는 이미 죽은 뒤였어요."

"알리 파샤에게는 부인과 딸이 있다고 하던데. 그들은 어떻게 됐소?"

"슬픈 마음에 전 가족이라도 돌보아 주려고 사방에 사람을 시켜 알아보았으나 허사였어요. 지금까지 그들의 행방을 알 수 없어요."

자신만만한 몰세르의 대답을 듣고 난, 조사 위원회의 위원장이 방청객을 돌아보며 한 가지 사실을 알렸다.

"지금 밖에 어떤 사람이 이 사건에 증인이 되겠다고 쪽지를 보내왔소. 여기 모인 위원회에서는 증인이 이 곳에 서는 것을 허락하였소."

그러자 그 곳에 모인 사람들도 모두 고개를 끄덕였다. 단지 몰세르 백작만 난데없이 나타난 증인이라는 말에 잔뜩 긴장을 했다. 곧 얼굴을 얇은 천으로 가린 한 여인이 재판장으로 들어섰다.

"증인의 신분을 밝히시오."

"제 이름은 에데로서 알리 파샤의 딸입니다."

그녀가 이렇게 대답하자 그 곳에 모인 사람들은 술렁이기 시작했다. 이에 답하기라도 하듯 여인은 가렸던 베일을 벗었다. 몰세르 백작은 알리 파샤의 딸이라는 그녀의 대답과 모습을 본 순간 기가 질렸다.

'저 여자가 분명 알리 파샤의 딸인가? 그 때는 너무 어려서 기억이 나지 않는데, 만약 저 여인의 말이 이 재판에서 그대로 받아들여진다면 난 파멸이야!'

위원회는 에데라고 밝힌 여인에게 여러 가지를 물었다.

"아버지 알리 파샤의 사건이 일어나던 해, 당신은 몇 살이었소?"

"여섯 살이었어요. 물론 어린 나이였지만 너무나 큰 충격에 그 일은 아직도 생생하게 기억하고 있어요. 프랑스 장교 페르낭이 우리를 배반한 뒤, 아버지가 돌아가시자 어머니와 저를 노예 상인에게 팔아넘긴 사실은 분명 제 눈으로 똑똑히 보았어요. 여기, 노예로 팔릴 때 페르낭의 서명 서류와 다시 몽테크리스토 백작님께 넘겨질 때의 서류, 제 출생 증명서가 증거 자료입니다."

"이 일은 당신 혼자 한 것입니까? 아니면 다른 사람의 도움이 있었습니까?"

"저를 구출해 주신 분은 몽테크리스토 백작님입니다만, 그분은 오늘 재판이 열리는 줄도 모르고 계십니다. 몰세르 백작을 이 재판에 서게 한 것은 저 혼자입니다."

"알겠소."

조사 위원회 위원장은 다시 몰세르 백작 쪽으로 눈을 돌렸다.

"저 여인의 말을 인정하겠소?"

"아니야! 거짓말이야."

몰세르 백작은 여인의 말을 인정하려 하지 않았다. 그는 이미 제정신이 아니었고 무언지 모를 두려움에 몸을 떨었다.

"거짓말이라고? 난 당신의 얼굴을 죽을 때까지 잊을 수가 없어. 당신 목에 난 흉터까지도 말이야."

그는 얼른 옷깃을 세워 흉터를 가렸다. 자신의 죄를 인정하지 않는

몰세르 백작에게 분노가 치밀어오른 에데는 큰 소리를 질렀다. 그 동안 위원회는 에데가 제출한 증거 자료를 자세히 살펴보았다.

"자, 조용히 하시오. 위원회에서 의견을 모은 바로는 이 여인의 말은 모두가 사실이라는 것이오."

더 이상 빠져 나갈 구멍이 없다는 것을 안 몰세르 백작은 그만 고개를 떨구었다.

"아, 이제 모든 게 끝났어."

재판은 끝나고 그들은 모두 그 곳을 떠났다. 결국 에데의 승리로 끝났지만 법적인 절차를 받기에는 시간이 필요했다.

한편, 알베르는 친구 보샹의 연락을 받고 몽테크리스토 백작과 함께 떠났던 여행에서 부지런히 파리로 돌아왔다.

이미 재판은 끝난 상태였고, 결과는 보샹으로부터 전해들었다.

"결국 그렇게 됐군. 이제 우리 가문의 앞날은 뻔하겠지."

스스로를 자책하는 알베르 곁에 보샹이 말없이 앉아 있을 뿐이었다.

"아니, 아니야. 물론 아버지의 죄가 크다고 하지만 이번 일은 분명 계획적이야. 그 에데라는 여인 혼자서 이번 일을 모두 처리했다는 것은 믿을 수 없어."

"자네 말을 들어 보니 그럴듯하군."

"내 짐작이 맞다면 알리 파샤의 딸을 뒤에서 조종한 대단한 인물이 분명 있을 거야. 그렇다면 혹시……."

"왜, 짐작 가는 사람이라도 있나?"

"그녀를 마지막으로 구해 준 사람은 몽테크리스토 백작이야. 에데는 분명 고마운 마음에 백작에게 자신의 과거를 모두 말해 주었겠지."

"그럴 수도 있겠군. 하지만 재판장에서 분명 그 여인은 백작은 이 사건과 아무 관련이 없다고 밝혔네."

알베르가 무척 예민해져 있다는 사실을 알고 있는 보샹은 백작이 이번 일을 계획했다는 것은 믿으려 들지 않았다.

“게다가 백작이 자네 집안과 무슨 원한이 있다고 일부러 일을 꾸며 자네 아버지의 과거의 일을 들추어 낸단 말인가?”

“하긴 그렇군. 내가 지금 누굴 의심하고 있었나? 우리 집안에 그렇게 호의를 베풀어 주신 분을…….”

신문 기자 보샹의 머리에 번득 스쳐 지나가는 것이 있었다.

“아, 생각나는 일이 있어. 지난번에 자네 아버지의 일을 조사하기 위해 그리스에 갔을 때 몇몇 사람을 만난 적이 있지.”

“왜, 무슨 이상한 점이라도 있었나?”

“그래. 그 사람들 말이, 내가 알아보려 한 일들을 누군가에게도 말한 적이 있다고 하더군.”

“그게 누군가?”

“당그라르 남작이었어.”

“그럴 리가?”

“분명 그였어. 나 역시 의외다 싶어 아직까지 기억하고 있었네.”

다시 한 번 확인을 한 알베르는 가만 생각을 정리해 보았다.

“그 놈이 맞을지도 모르겠군. 아버지가 내 결혼 문제로 당그라르 남작을 만나고 돌아오던 날, 몹시 기분이 좋지 않아 보였어. 나중에 안 사실이었지만 결혼은 없었던 일로 하자고 했던 것 같아.”

“그래도 좀더 조사를 한 뒤에 그를 만나 보도록 해.”

“아니, 당장 만나야겠어. 사실을 확인하기 전엔 아무 일도 할 수 없을 것 같아.”

보샹이 말리는 것도 뿌리친 채 알베르는 그 즉시 당그라르의 집으로 마차를 몰았다.

"이런! 예의도 모르는 놈 같으니."

알베르는 주인의 허락도 받지 않은 채 무작정 당그라르의 거실로 들어섰다. 그의 모습을 본 당그라르는 얼굴이 시뻘개져 소리를 질렀다.

"확인할 게 있어서 왔습니다."

"너와 할 이야기는 없다. 돌아가거라!"

"지금 우리 집안은 파멸하기 일보 직전입니다. 이미 알고 계시겠지만요."

"그게 나랑 무슨 상관이 있다는 거냐?"

"발뺌을 하시는군요. 당신이 한 짓을 왜 모른다는 거죠? 알리 파샤 사건을 들추고 다니면서 아버지를 구렁텅이로 몰아넣은 건 바로 당신이잖습니까!"

분노에 찬 알베르는 앞뒤 볼 것도 없이 사실 그대로 말했다.

"지금 무슨 소리를 지껄이고 있는 건지 모르겠군. 그래, 그리스의 알리 파샤 사건을 알아보려 한 것은 맞는 말이야. 하지만 처음엔 그럴 생각이 아니었어. 몽테크리스토 백작이 제안하기 전까지는……."

"지, 지금 뭐라고 하셨죠?"

말까지 더듬으며 알베르는 다시 한 번 되물었다. 당그라르는 다시 한 번 분명히 백작의 이름을 일러 주었다.

'아, 내 짐작이 맞았군. 에데의 뒤를 돌보아 준 것은 분명 계획적인 거였어. 결국 당그라르 남작과 그녀를 뒤에서 조종하며 모습을 드러내지 않았던 거야. 나를 노르망디에 데리고 간 것도 음모였어.'

당그라르의 집을 나서는 알베르는 온몸에 힘이 모두 빠져 나가는 듯했다. 어떻게 집에 돌아왔는지도 모르게 막 현관문을 들어서려는데, 보샹이 달려나왔다.

"알베르!"

"아, 보샹! 아직도 가지 않고 있었군."

"자네가 걱정이 되어 갈 수가 있어야지. 자, 어서 자리로 가서 앉게."

친구의 부축을 받아 겨우 소파에 몸을 기댄 알베르에게 보샹이 먼저 물었다.

"당그라르 남작이 한 짓이 틀림없나?"

"아니야, 그는 알리 파샤의 딸 에데처럼 겉으로 드러난 한 사람에 불과해. 그들을 조종하고 있던 사람은 따로 있었어."

"그가 누군지 알아 냈나?"

"자네도 아는 사람이라네. 바로 몽테크리스토 백작이야. 난 백작에게 결투를 신청할 걸세."

신문 기자 보샹 역시 믿어지지 않는다는 듯이 깜짝 놀랐다.

"내일 백작을 만나러 갈 텐데, 나와 함께 가 주겠나?"

"물론이야."

다음 날, 백작이 여행에서 돌아와 있다는 것을 확인한 알베르는 보샹과 함께 대저택으로 향했다.

"죄송합니다만, 주인님은 집에 계시지 않습니다."

"무슨 소리요? 여행에서 돌아왔을 텐데."

"오페라 구경을 가셨습니다."

잠시 난감한 표정을 짓던 알베르는 이미 내친걸음이라 생각하고 오페라 극장으로 마차를 돌렸다.

"알베르, 다른 날 백작을 만나 보기로 하는 게 어떨까?"

"아니, 지금 만나야겠어."

특별석에 앉은 백작의 곁에는 막시밀리안도 함께 있었다. 알베르와 보샹의 모습을 발견한 막시밀리안이 인사를 하려던 찰나였다.

"백작님! 할말이 있습니다."

"여기까지 나를 만나러 오다니 무척 급한 일인 것 같군."

백작과 이야기를 나누는 알베르의 표정이 전과 같지 않다는 것을 안 막시밀리안은 그대로 자리에 앉고 말았다.

"아버지의 일을 잘 알고 있을 테죠? 왜, 왜 그런 짓을 하셨나요?"

"알베르, 여긴 오페라 극장일세. 귀족 집안의 청년답지 않군."

분노에 찬 알베르의 목소리는 주위 사람들에게 들릴 정도였다. 옆에 선 친구 보샹이 알베르의 소매를 슬며시 끌어당겼다.

"백작님이 우리 집안에 한 짓은 올바른 건가요?"

"화가 많이 난 모양이군. 일단 오페라가 끝난 뒤에 만나기로 하지."

더 이상 화를 참지 못한 알베르는 백작의 얼굴 앞에 흰 장갑을 벗어 던졌다.

"닥쳐! 당신에게 결투를 신청하겠어."

"좋아. 결투 시간은 나중에 알려 주게!"

백작 역시 젊은이로부터 모욕을 당하자 더 이상 참지 못하고 결투를 받아들였다. 알베르가 떠난 뒤 보샹이 백작에게 조용히 말했다.

"알베르의 무례함을 대신 사과드립니다. 하지만 백작님께서도 이 일이 어떻게 된 것인지 알베르에게 설명할 필요가 있다고 생각합니다."

"흠, 자네가 말하려는 게 무언지 알겠네. 하지만 오늘은 별로 이야기하고 싶지 않네."

"그럼 저 친구와 결국 결투를 하신단 말씀이십니까?"

"사나이가 한번 한 약속을 어찌 어긴단 말이오? 장소와 시간은 그 쪽에서 정하고 보샹 군도 그 곳에 증인으로 나와 주시오."

"어쩌다 일이 이렇게까지 됐는지 모르겠군."

하는 수 없이 보샹은 백작에게 결투 때 보자는 인사를 마지막으로 그 곳을 떠났다. 백작은 옆에 앉아 이 광경을 지켜보고 있던 막시밀리안을 바라보았다.

"이제 조용해졌으니 오페라를 보도록 하세."

"백작님, 도대체 무슨……?"

"아 참, 자네도 결투 장소에 나와 주도록 하게. 그리고 당분간 이 일에 대해서 자세히 알려고 하지 말게. 때가 되면 자네도 알게 될 테니."

단호하게 말하는 백작에게 막시밀리안은 더 이상 말을 꺼낼 수 없었다. 곧 오페라가 시작되고 그들은 무대 위로 시선을 옮겼다.

오페라가 끝나고 막시밀리안과 헤어져 집으로 돌아간 백작은, 상자 속에 넣어 두었던 권총을 꺼냈다.

"아직 쓸 만하군."

권총을 이리저리 닦으며 내일 있을 결투를 준비하고 있을 때였다.

"백작님, 손님이 오셨어요."

"이 시간에 무슨 손님이야? 다른 날 오라고 일러."

"그렇게 말씀드렸지만 워낙 막무가내라서……."

하인이 백작에게 야단을 맞고 있는 순간, 한 여인이 다짜고짜 뛰어들어왔다.

"에드몽!"

백작은 깜짝 놀라 그 여인을 바라보았다. 자신의 예전 이름을 기억하고 있는 사람은 그리 많지 않았기 때문이다.

"누구시오?"

"저예요, 메르세데스. 우리 집에서 처음 당신을 본 순간 난 당신이라는 걸 알았어요. 그 날 이후로 제가 얼마나 괴로워했는지 아세요?"

"무슨 소리요? 전 에드몽이 아니오. 잘못 알고 찾아오셨소."

백작은 애써 메르세데스, 즉 이제 알베르의 어머니가 된 그녀의 눈길을 피하려고 했다.

"아, 제발 제 아들만은 살려 주세요. 전 당신이 죽은 줄만 알고 홀로 지내다가 당신의 아버지마저 세상을 떠나자 페르낭의 청혼을 받아들인 거예요. 복수를 하시겠다면 제가 받도록 하겠어요."

"좋소, 그렇다면 사실대로 이야기하겠소."

더 이상 옛날의 연인이었던 메르세데스에게 사실을 숨길 수 없음을 백작은 깨달았다.

"무언가 잘못 알고 계신 게 있는 것 같군요. 죄의 대가를 치러야 할 사람은 부인이 아니라 남편 되시는 몰세르 백작입니다."

"그는 단지 저를 사랑한 죄밖에는 없어요."

"몰세르 백작, 아니 페르낭은 저를 지옥의 성에 보낸 장본인입니다. 전 15년이 넘게 영문도 모른 채 감옥에서 지내야 했소. 이제 제 말을 알아들으시겠소?"

예전의 에드몽의 연인이었던 자신이 그를 배신하고 다른 사람과 결혼을 한 이유만으로 이런 일들이 벌어진 줄만 알고 있던 메르세데스는 어리둥절했다.

"설마 제 남편이 아무 죄도 없는 당신을……."

"못 믿으시는군. 여기 당그라르와 작당하여 빌포르 검사에게 보낸 밀고장이 있소. 확인해 보시오."

밀고장의 내용을 읽은 그녀는 탄성을 질렀다.

"세상에 이럴 수가……."

그녀는 새로운 사실을 알고 어쩔 줄을 몰라 흐느껴 울기 시작했다.

"진정하시오. 당신에게는 아무런 죄가 없소."

"정말, 이런 일이 있는 줄은 몰랐어요. 저라도 아마 복수의 칼날을 갈았을 거예요. 이제 당신 마음대로 하세요. 아니, 그럴 필요도 없겠군요. 이미 제 남편의 과거의 일이 온 세상에 폭로되어 죄의 심판을 받을 테니까."

마음을 진정하고 난 그녀는 백작의 복수가 당연하다고 생각했다. 하지만 모든 세상의 어머니 된 자가 그러하듯이 마음에 걸리는 게 한 가지 있었다.

"다만 한 가지, 제 아들 알베르는 건드리지 말아 주세요. 부모가 지은 죄 때문에 그 애를 희생시킬 수는 없어요."

"부인, 아시다시피 아드님이 제게 결투를 신청해 왔어요. 결투란 한 사람이 죽게 되는 것이지요."

"아아……."

괴로워하는 부인을 보며 백작은 무슨 생각이 들었는지 말을 꺼냈다.

"하지만 걱정하지 마십시오. 알베르는 분명 아무 일도 없을 겁니다."

"정말 고맙습니다."

순간 메르세데스는 무언지 모를 좋지 않은 기분에 사로잡혔다.

"혹시……."

"혼자 있고 싶습니다. 드릴 말씀은 더 이상 없습니다."

"당신이 아들과의 결투에서 쓰러지려고 작정한 건가요?"

"더 이상……."

"그럴 수는 없어요. 당신이 그렇게 된다면 저 역시 살 수가 없어요. 무슨 일이 있더라도 당신이 죽지 않도록 하겠어요."

그녀의 눈빛은 예전의 에드몽의 약혼자 메르세데스로 돌아와 있었다. 끝으로 그녀는 의미 심장한 말을 남기고 백작의 집을 떠났다.

"제 마음은 아직도 어부의 딸 메르세데스로 남아 있답니다."

백작은 창가에 서서 그녀가 마차를 타고 떠나는 모습을 물끄러미 내려다보았다. 그리고 한동안 생각에 잠겨 꼼짝하지 않았다.

'아직 복수가 끝나지도 않았는데 그들 앞에 무릎을 꿇고 쓰러지기로 약속을 하다니. 내가 메르세데스와 무슨 약속을 한 거란 말이야?'

하지만 이미 엎질러진 물이었다. 백작은 곧 책상으로 가서 유언장을 쓰기 시작했다. 내용은 자신이 죽게 되면 모렐 씨 남매와 에데에게 재산을 나누어 주고, 하인들에게도 골고루 재산을 남긴다는 것이었다.

"백작님. 지, 지금 무얼 하고 계신 건가요?"

"에데로군. 언제 왔지?"

에데는 어젯밤부터 백작의 행동이 심상치 않다는 것을 어렴풋이 깨닫고 백작의 주변을 서성거렸다. 역시 백작은 그녀가 서재로 들어온 것도 모른 채 무언가를 열심히 적어 내려가고 있었다.

"이건 유언장이 아닌가요?"

"아니, 그냥 써 본 거야. 나중에라도 혹시……."

"싫어요. 그런 무서운 말을 하지 마세요. 이 세상에 백작님이 안 계시다면 저 역시 살아갈 희망이 없어요."

"아, 에데!"

백작은 막 울음을 터뜨리는 에데를 진정시키느라 애를 먹었다. 잠시 후, 그녀를 돌려보내고 난 뒤 백작은 잠시 눈을 붙였다.

다음 날 막시밀리안이 백작의 집에 도착해서 걱정스러운 듯이 다시 물었다.

"지금이라도 그만두시는 게 좋지 않을까요? 알베르 자작은 성미가 급하기 때문에 순간적으로 실수를 한 것이니, 오늘쯤 후회를 하고 있을지도 모르잖아요."

"자네는 내 총 솜씨를 본 적이 있나?"

백작은 막시밀리안의 충고에 대해 딴전을 피웠다.

"아 예, 소문으로는 굉장하다고 들었습니다."

“하하하, 그럼 자네 눈으로 볼 수 있는 영광을 주지.”

곧 하인이 표적이 될 만한 것을 들고 들어왔다. 백작은 미리 준비해 두었던 권총을 꺼내 들고는 이내 거리를 재더니 표적을 향해 쏘았다.

“탕!”

“와, 명중이군요!”

막시밀리안은 탄성을 지르며 감탄했다. 소문으로만 듣던 백작의 총을 다루는 솜씨를 직접 보니 입이 다물어지지 않았다.

‘저 정도 솜씨면 분명 알베르 자작이 불리할 텐데. 승부는 이미 판가름이 난 거나 마찬가지군.’

백작은 총을 내려놓고 곧 떠날 준비를 서둘렀다. 막시밀리안은 걱정이 이만저만이 아니었지만 더 이상 뭐라고 설득할 말이 없었다.

곧 하인이 준비시켜 놓은 마차에 오른 두 사람은 약속 장소인 근처 공원을 향해 말을 몰았다.

“다 왔군. 저기 신문 기자 보샹이 보이는군.”

마차 안에서 알베르의 친구 보샹을 발견한 백작은 서둘러 마차에서 내렸다.

“먼저 와 있었군. 그런데 알베르 자작의 모습이 보이지 않는데?”

“아직 오지 않았습니다.”

세 사람이 잠시 그 곳에서 서성거리고 있으려니 마차 한 대가 그들 앞에 멈추어섰다.

“이제야 오는가 봅니다. 어이, 알베르! 여기야.”

알베르의 뒤를 따라 르노 남작과 장관 비서인 드브레가 함께 걸어왔다. 곧 백작이 기다리는 곳에 도착한 알베르는 우뚝 걸음을 멈추었다.

“드릴 말씀이 있어요.”

그 곳에 모인 사람들은 모두 어리둥절했다. 결투를 시작하기 전에 당

사자들 간에 이야기를 나누는 일은 사과를 하기 위한 때뿐이었다.

"먼저 백작님께 무례하게 행동한 점 사과드립니다. 그 동안 아버지의 일로 백작님을 많이 원망하고 미워했어요. 아무리 아버지 과거의 죄가 크다고 할지라도 백작님이 그 일을 들추어 내어 우리 집안을 파멸시킬 이유가 없다고 생각했기 때문이지요. 하지만 어제야 어머니께 그 동안에 있었던 일을 듣게 되었어요. 아버지에 대한 복수는 오랜 세월 동안 감옥에 갇혀 지낸 에드몽, 즉 백작님의 원한 때문이라는 것을 말이에요. 아마 저라도 당연히 그렇게 했을 거예요. 이런 사실들을 모르고 제가 백작님께 실수를 할 뻔했어요. 부디 철없는 제 행동을 용서하시기 바랍니다."

"아, 알베르 군."

백작도 가슴이 메어 알베르의 이름만 간신히 불렀다. 증인이 되려고 모인 친구들은 아직 무슨 영문인지를 몰라 어리둥절했다.

"그 동안 얼마나 괴로우셨나요?"

"고맙네. 자네가 이렇게 이해를 해 주니 말이야."

두 사람은 서로의 손을 꼭 잡고 놓지 않았다.

미치광이가 된 빌포르

할 일을 마치고 집으로 돌아온 알베르는 조용히 자기 방으로 올라가 짐을 정리했다.

'이제 내가 이 집에 있을 까닭이 없다. 그 동안 믿고 따르던 아버지가 알리 파샤 사건으로 나를 실망시켰을 땐 참을 만했어. 하지만 몽테크리스토 백작의 인생을 그렇게 망쳐 놓고는 태연하게 살고 있는 아버지를 더 이상 볼 수가 없어. 하지만 어머니를 이 곳에 내버려 두고 떠

나야 하니 그것이 마음에 걸리는구나.'

그 때, 하인이 노크를 하고 들어와 이렇게 전했다.

"몰세르 백작님께서 하실 말씀이 있다고 내려오라고 하십니다."

"지금 바빠. 나중에 뵙겠어."

"도련님이 몽테크리스토 백작과 오늘 결투를 한다는 사실을 알고 무척 궁금해하십니다. 어서 내려가시지요."

"그런 일이라면 아버지께 이렇게 전해줘. 백작과의 결투는 내가 사과를 하고 그만두었다고 말이야."

더 이상 말을 하지 않는 알베르를 보고 하인은 그만 방을 나갔다. 하인은 몰세르 백작에게 가서 들은 대로 전했다.

"에잇! 바보 같은 놈. 사나이가 칼을 뽑아놓고 그냥 칼집에 밀어넣었단 말이야? 아비의 괴로움을 풀어 주려나 싶었는데……."

몰세르 백작은 하인이 지켜보고 있는 줄도 모르고 아들의 욕을 마구 해 댔다. 한편, 침울한 기분으로 짐 정리를 대강 마친 알베르는 계단을 내려와 어머니가 계신 곳의 방문을 두드렸다.

"똑똑!"

"들어오너라."

어머니는 조금 전 아들이 집에 들어온 것을 알고 있던 터라 누가 방문을 두드리는지 알 수 있었다.

'아마 내게 인사를 하러 온 거겠지.'

알베르가 어머니에게 작별 인사를 하기 위해 방에 들어섰을 때, 그만 눈이 휘둥그레지고 말았다.

"아, 어머니!"

어머니 역시 짐을 대강 꾸려놓고 아들이 오기만을 기다리고 있었다.

"어머니도 저와 같은 생각을 하셨군요. 하지만 제게는 어머니를 모시고 살 만한 돈이 없어요. 앞으로 제게는 고생길이 있을 뿐입니다.”

“걱정 마라. 그 정도는 이미 각오하고 있다. 넌 젊은데다가 올바르니 이 고통을 잘 이겨나갈 수 있을 게다. 난 네 곁에 있는 것만으로도 만족한다.”

“저도 어머니가 곁에 계시면 든든할 것 같아요.”

모자는 서로 눈물을 흘리며 어깨를 두드렸다. 아버지에게 아무 말도 전하지 않고 마차에 오른 알베르와 어머니가 막 출발하려던 참이었다. 누군가가 마차 안으로 얼굴을 들이밀고는 무언가를 쑥 내밀었다.

“당신은 몽테크리스토 백작님 댁 하인 알리가 아닌가?”

말을 못하는 알리는 고개를 끄덕였다. 아마 백작의 심부름을 온 모양이었다. 서둘러 편지를 뜯어 본 알베르는 눈물을 글썽거렸다.

“무슨 일이냐?”

“어머니, 백작님이 우리들을 위해 약간의 돈을 주신다고 합니다. 부디 받아 주기를 간청한다고 되어 있어요.”

알베르의 어머니는 아들에게서 건네받은 편지를 읽어 내려갔다. 편지는, 오래 전에 약혼자 메르세데스와의 행복한 결혼을 위해 모아 놓은 돈이 아직도 에드몽의 아버지가 살던 집 나무 아래에 보관되어 있으니 받아 달라는 내용이었다.

“아, 에드몽! 그 동안 당신은 얼마나 괴로웠나요? 당신의 작은 행복들을 몇몇 사람들이 빼앗아 버렸으니.”

“어머니, 어떻게 할까요?”

“알베르, 이 돈은 받아도 될 것 같다. 동정심이 아니라 우리에게 좋은 뜻으로 주는 것이니 아껴 쓰도록 하자꾸나.”

어머니와 같은 생각을 하고 있던 알베르는 고개를 끄덕였다. 그들이 떠나고 난 뒤, 몰세르 백작은 하인을 불렀다.

"가서 마님과 알베르에게 이리로 좀 내려오라고 하게."
"그게 좀……."
"왜 그렇게 우두커니 서 있는 거야!"
"조금 전 이 집을 떠나셨어요."
"뭐야? 도대체 지금 무슨 소리를 하고 있는 거야? 집을 놔 두고 어디로 떠났단 말이야?"
"저 역시 마님과 도련님이 잠시 외출을 하시는 줄 알았습니다만, 방에 물건들이 하나도 없는 걸 보고 뒤늦게 알았습니다."
"이런! 이 모든 게 그 몽테크리스토 백작 그 놈 때문이야. 내게 무슨 원한이 있다고 사람들을 조종해서 우리 집안을 파멸시키더니, 이제 와서는 남아 있는 가족들마저 모두 뿔뿔이 헤어지게 만들어?"
몰세르 백작은 화가 머리 꼭대기까지 치밀어올랐다. 그는 더 이상 참지 못하고 몽테크리스토 백작의 집으로 마차를 몰았다.
백작은 알베르와 그의 어머니에 관한 소식을 듣고 안타까운 마음이 들어 곧 알리를 시켜 심부름을 보냈다. 그리고 돌아온 하인 알리는 손짓을 통해 소식을 백작에게 알렸다.
"음, 수고했어. 그들 모자가 내 성의를 받아들이겠다고 약속했다고?"
그제야 백작은 마음이 조금 편안해지는 걸 느끼며 소파에 몸을 기대어 오랜만에 휴식을 가졌다.
잠시 눈을 감고 생각에 잠기려는 찰나, 하인 베르치오가 손님이 왔음을 알려왔다.
"이게 누구신가? 몰세르 백작님이 이 누추한 곳까지 오시다니."
뜻밖에도 몰세르 백작이 자신을 직접 찾아오자, 백작은 오히려 잘된 일이라고 생각했다.
"나를 구렁텅이로 몰아넣고 당신은 온전할 줄 알았어? 믿었던 아들

녀석마저 당신과의 결투를 그만두었으니 이젠 내 차례군."

"호, 결투를 신청하시겠단 말이로군."

"그렇소. 그전에 물어 볼 말이 있어. 당신은 왜 하필 내 목에 파멸의 칼을 들이대고 있는 거요?"

"궁금하다면 가르쳐 주지."

백작은 단호하게 말한 뒤 잠시 몰세르 백작을 홀로 남겨 두고 옆방으로 가 버렸다.

"어디로 도망가는 게냐?"

"훗, 그런 일은 없을 테니까 염려 마라."

이런 말을 남긴 채 사라졌던 몽테크리스토 백작은 잠시 후, 다시 돌아왔다. 아니, 백작의 모습은 보이지 않고 웬 선원 차림의 사나이가 나타났다.

"당신은 누구요? 그리고 백작은 어디로 사라진 거지?"

"페르낭!"

낮익은 목소리로 자신의 본명을 부르는 소리를 들은 몰세르 백작은 그 자리에서 벌떡 일어났다.

"당, 당신은 대체 누, 누구요?"

"설마 나를 모른다고 하지는 않겠지? 내 이름을 잊어버렸나? 그럴지도 모르지. 그럼 다시 한 번 자네가 한 짓을 알려 줄 테니 잘 들어 두게. 나를 지옥 같은 감옥으로 영영 가두어 버리고 내 약혼녀 메르세데스까지 가로챈 일을 말이야."

"그렇다면 당신은……."

"이제야 기억이 나시는 모양이군. 에드몽 당테스가 본래 이름이지."

"이럴 수가……. 어떻게 이런 일이……."

"호, 어떻게 그 철통 같은 감옥을 빠져 나왔는지 궁금하겠군. 난 당신과 당그라르, 빌포르 검사를 향해 꼭 복수를 하겠다고 맹세를 했지. 그 피나는 맹세가 오늘날 내가 살아 있는 이유라고 할 수 있어. 복수심이 없었다면 난 이미 저 세상 사람이 됐을 거야."

에드몽은 눈에 핏발을 세워가며 몰세르 백작을 쏘아보았다.

"그만! 그만 해!"

몰세르 백작은 떨리는 두 다리로 뒷걸음질치며 소리를 질렀다. 그의 눈에 비친 에드몽은 마치 귀신 같았다.

마침내 몰세르 백작은 더 이상 참지 못하고 대저택을 뛰쳐나왔다. 마부에게 황급히 집으로 돌아갈 것을 명령했다. 곧 자신의 집으로 돌아온 몰세르 백작은 아들과 부인을 찾아 집안 구석구석을 뒤졌다.

"여보! 알베르!"

하지만 대답하는 사람은 없었다. 그제야 두 모자가 이미 이 집을 떠났다는 사실을 깨달을 수 있었다.

'아, 에드몽이 살아 있었어. 그가 백작이 되어 나에게 복수를 한 거란 말이야. 그것도 더 이상 내가 일어설 수 없게 사회로부터 나를 완전히 매장시켜 놓은 거야. 게다가 이제 나는 마지막으로 남은 가족들마저 잃어버렸어.'

두려움과 한탄으로 자책하던 그는 더 이상 살아갈 힘이 없다는 것을 스스로 느낄 수 있었다.

'그래, 이제 내게 남은 것은 죽음뿐이야. 에드몽은 나에게 직접 총을 쏜 적은 없지만, 그는 내가 스스로 죽기를 바라겠지.'

몰세르 백작은 자살을 하는 것이 에드몽과 그 외에 자신이 저지른 나쁜 일들에 대한 죄의 대가를 치르는 것이라고 생각했다.

그는 미련없이 책상 서랍을 열어 총 한 자루를 꺼내들었다. 잠시 후, 몰세르의 저택에서 총소리가 들려왔다.

결국 카드루스에 이어 백작의 두 번째 복수가 끝난 것이다. 이제 남은 것은 당그라르와 빌포르 검찰 총장이었다.

얼마 후, 당그라르가 그토록 원했던 카발칸티 후작의 아들 안드레아와 자신의 딸과의 결혼식이 있었다.

결혼 계약서가 사람들에게 읽혀지고, 손님으로 참석한 사람들이 결혼계약서에 서명을 해야만 이 결혼이 성립되는 것이었다.

신랑인 안드레아는 손님들에게 연신 웃음을 지어 보이며 즐거운 표정이었다. 하지만 신부의 얼굴엔 못마땅한 빛이 어려 있었다.

"자, 조용히 해 주세요. 지금부터 결혼 계약서에 찬성한다는 서명을 차례로 해 주시기 바랍니다."

몽테크리스토 백작은 결혼식장을 이리저리 둘러본 뒤, 한 여인의 옆으로 다가가 예의 바르게 인사를 했다.

"안녕하세요? 빌포르 부인."

"오, 백작님이시로군요."

그러자 두 사람 곁으로 서명을 받기 위해 당그라르 부인이 다가왔다.

"결혼식에 참석해 주셔서 감사합니다. 아, 그런데 검찰 총장님이 보이지 않는군요."

"아, 예. 남편은 일전에 있었던 몽테크리스토 백작님 댁의 살인 사건에 대해 조사해 볼 것이 있다고 하면서 급히 나가셨기 때문에 저 혼자 왔습니다."

빌포르 부인이 당그라르 부인에게 이렇게 말하자, 옆에 서 있던 백작이 한 마디 덧붙여 말했다.

"저도 소식 들었어요. 제 집에 든 도둑의 몸에서 새로운 증거가 나왔다고 하더군요. 아마 범인을 알아 낼 수 있는 무슨 쪽지라고 하던데."

백작은 신랑 안드레아를 한 번 쳐다본 뒤 말을 이었다.

"그 쪽지는 아마 당그라르 남작에게 보내려던 것이라고 합니다."

안드레아는 백작과 몇 사람이 나누는 대화에 귀를 기울이며 점점 안색이 창백해져 갔다. 그는 슬금슬금 뒷걸음질을 치며 도망갈 기회를 엿보았다.

"백작, 도둑이 내게 쪽지를 전하려 했단 말씀이오?"

"그렇소. 곧 사건이 해결될 것이오."

그 곳에 모인 손님들이 차례로 결혼 계약서에 서명을 했다. 그 때, 결혼식장의 입구 쪽에 경찰관들이 들이닥쳤다.

"안드레아 카발칸티가 누구요?"

당그라르는 뜻하지 않은 경찰관들의 방문에 순간 이마를 찌푸렸다.

"무슨 일이오?"

"안드레아를 체포하려 왔소. 그는 일전에 몽테크리스토 백작 댁에서 일어난 살인 사건의 범인이오."

"옛?"

마치 뒤통수를 얻어맞은 기분이 된 당그라르는 그 자리에 털썩 주저앉았다. 이미 신랑 안드레아는 낌새를 눈치채고 달아난 뒤였다. 경찰관들의 우두머리인 한 경찰이 큰 소리로 지시를 내렸다.

"흩어져서 이 곳과 주변을 샅샅이 찾아보도록 해. 조금 전까지 여기 있었다면 아마 멀리 도망가진 못했을 거야."

"옛!"

엉망이 되어 버린 식장 안에는 신부의 모습도 찾아볼 수 없었다. 놀란 당그라르는 옆에 서 있는 사람을 붙잡고 물었다.

"내 딸 못 봤소?"

"조금 전 웨딩드레스를 갈아입고는 밖으로 나가는 것 같던데."

하인을 시켜 알아보니 신부는 이 결혼에 미련이 없었기 때문에 이 틈에 자신이 하고 싶었던 음악 공부를 계속하기 위해 외국으로 떠났다는 것이었다. 물론 그 뒤를 봐 준 사람은 몽테크리스토 백작이었다.

"이게 무슨 꼴이람? 많은 사람들 앞에서 집안이 망신당하는 걸 구경시켜 준 셈이 되고 말았으니."

혀를 차며 당그라르는 대충 뒷수습을 했다. 이번 일이 사람들의 입에 오르내리자 그의 신용은 점점 떨어졌다.

며칠 뒤, 안드레아는 결국 경찰들의 포위망에 걸려들고 말았다. 곧 그의 죄를 묻기 위해 재판이 열렸다.

재판관과 배심원들이 들어와 자리를 잡자 방청객들은 입을 다물었다. 재판관들 중엔 검찰 총장 빌포르도 있었다.

곧 오늘 재판의 주인공인 안드레아, 즉 베네딕토의 모습이 나타났다. 사람들은 일시에 그를 바라보았다.

"저놈 봐라. 죄를 뉘우치기는커녕 아주 당당한 모습일세."

"그러게. 뻔뻔하게 얼굴을 바짝 쳐들고 오히려 우리들을 노려보고 있질 않나?"

재판장에 모인 방청객 중 몇몇이 귓속말로 이야기를 나누었다. 그들이 본 것처럼 베네딕토는 기가 죽지 않은 매우 활기찬 얼굴이었다. 그는 곧 피고석에 자리를 잡자 재판관들을 하나하나 살펴보았다. 그러다가 빌포르 검찰 총장의 모습을 발견하고는 그를 향해 의미심장한 미소를 지어 보였다.

곧 베네딕토가 지은 죄가 낱낱이 열거되자, 사람들은 당연히 사형이 내려질 거라고 생각했다. 재판이 시작되자 재판장은 피고에게 물었다.

"피고의 이름을 대시오."

"재판장님, 그 질문엔 나중에 답하도록 하겠어요."

그러자 재판관들과 방청석이 술렁이기 시작했다.

"저놈이 재판을 받겠다는 거야, 말겠다는 거야? 재판 결과가 보나마나 중형이라고 여기고 저런 당치않는 말을 함부로 하는 거겠지."

"뭘 믿고 저런 태도를 보이는 거야. 참 대단한 놈일세."

재판장이 들고 있던 나무 망치로 몇 번 두드리며 손짓을 했다.

"자, 조용히들 하시오. 그럼 피고는 다음 질문에 답하시오. 나이는 몇 살인가?"

"스물한 살입니다."

"고향은 어디인가?"

"파리 부근에 있는 오토뉴에서 태어났다고 들었습니다."

이 말을 듣는 순간 재판관들 사이에 있던 빌포르 검찰 총장의 얼굴이 굳어졌다.

"그 동안 무슨 일들을 하며 살아왔나?"

"가짜 돈을 만들다가 도둑질을 하기 시작했죠. 그리고 얼마 전엔 사람을 죽였어요."

재판장은 베네딕토가 자신의 살인죄를 인정하자 더 이상 물어 볼 것이 없다고 생각했다. 곧 처음에 했던 질문을 다시 했다.

"자, 이제 이름을 말하도록 하시오."

"사실 제 진짜 이름은 저도 모릅니다. 하지만 아버지가 누구며 이름이 무언지는 잘 알고 있죠."

"할 수 없군. 그럼 피고의 아버지 이름을 말하시오."

"제 아버지는 지금 이 자리에 있습니다. 그의 이름은 바로 빌포르 검찰 총장님이십니다."

베네딕토의 대답이 끝나자 재판장은 순식간에 웅성거림으로 가득찼다.

"미친 놈 아니야? 저 엄한 검찰 총장이 자기 아버지라고?"

"아무래도 제정신이 아닌 것 같아. 자기를 붙잡은 빌포르를 아버지라 고 하다니 말이야. 하하하하……."

재판을 보러 온 사람들은 말도 안 되는 소리라며 웃어 댔다. 재판장이 다시 나서 사람들을 진정시켰다. 잠시 후, 소동이 가라앉자 재판은 다시 시작되었다.

"여기 서류에 의하면 피고는 코르시카 출생의 베네딕토라고 하는데, 조금 전에 한 말은 무슨 소린가?"

"다시 한 번 말씀 드리지만 분명 빌포르가 제 아버지임에 틀림없습니다. 제 출생의 비밀을 이 곳에서 말해도 될까요?"

"기회를 주겠네."

"저는 빌포르 총장의 두 번째 부인에게서 태어난 아들입니다. 제가 태어난 것을 숨기려고 작정한 빌포르 총장은 곧 상자에 담아 오토뉴 정원에 산 채로 파묻었죠. 그 때 아버지에게 원한 관계에 있던 코르시카 출생 베르치오가 이 광경을 목격하고, 빌포르 총장의 옆구리를 찌르고 그 상자를 훔쳐 달아났어요."

"그게 사실인가?"

"여기가 어디라고 거짓말을 하겠어요? 그 뒤로 저는 베르치오의 손에 길러졌고, 넉넉하지 못한 가정 형편으로 점차 나쁜 길로 빠져들게 되었어요. 서류에 적힌 베네딕토란 이름은 그렇게 지어진 것입니다."

"피고의 이야기를 확실히 증명할 증거는 가지고 있겠지?"

"저를 길러 준 베르치오란 사람이 증인이 되어 줄 겁니다. 아니, 확실한 증거는 빌포르 총장님이 말씀해 주실 것 같군요."

처음엔 말도 안 되는 소리라고 생각했던 사람들은 점점 베네딕토의 말이 맞을지도 모른다고 여겼다. 이제 모든 시선은 빌포르 검찰 총장에게 쏠려 있었다.

"자, 빌포르 씨. 당신에게 말할 기회를 주겠소."

이미 그는 고개를 떨구고 얼굴이 하얗게 질린 상태였다.

"재판장님, 피고의 말이 모두 맞습니다. 저 사람이 말한 대로 제 아들이 맞을 겁니다."

"지금 한 말이 사실이오?"

"얼마 전부터 알 수 없는 무엇인가가 내 주변을 서성이며 목을 점점 죄어오고 있다는 것을 느껴왔어요. 발버둥쳐도 결국 그물에 걸려들게 마련이지요."

"빌포르, 당신 지금 무슨 말을 하고 있는지 알고 있소?"

"아아. 제 죄를 인정하니 부디 그만 저를 집으로 가도록 해 주세요. 더 이상 이 곳에서 견뎌 낼 기운이 없군요."

결국 재판은 다음 기회에 다시 열기로 하고 그만 끝났다. 그 곳에 모였던 사람들은 재판이 끝나고도 얼른 자리에서 일어나지 못했다.

"세상에 총장 나리께서 저런 짓을 하다니 믿을 수 없어."

"하지만 분명 자신의 입으로 그 사실을 인정한다고 하지 않았나?"

"저 피고의 얼굴 좀 봐. 오히려 자신이 살인자라는 사실도 잊고 있는 것 같군."

사람들이 수군대는 말처럼 베네딕토는 들어올 때와 마찬가지로 당당한 걸음걸이로 재판장을 떠나고 있었다. 빌포르 검찰 총장은 사람들의 시선을 의식하며 뒷문으로 빠져 나와 마차에 몸을 실었다.

"집으로 가세."

마부는 마차를 몰아 빌포르의 집에 도착했다. 멍한 얼굴로 내릴 생각도 없이 앉아 있는 빌포르에게 마부가 소리쳤다.

"나리! 다 왔습니다."

퍼뜩 정신이 든 빌포르는 마차에서 내려 집 안으로 들어섰다. 그 때 무슨 생각이 들었는지 빌포르는 후닥닥 부인의 방으로 올라갔다.

"여보! 여보!"

문은 굳게 잠겨져 있고, 아무 대답이 없었다. 더 이상 기다릴 수 없었던 그는 문을 부수고 안으로 들어갔다.

"아, 이게 무슨 짓이오?"

빌포르 부인은 매우 괴로워하며 신음하고 있었다. 그 옆에는 조그만 약병이 놓여져 있었다.

"모든 게 끝났어."

부인은 하인으로부터 오늘 있었던 재판 소식을 듣고 큰 충격을 받았다. 비록 다른 부인에게서 난 아들이지만 아버지로서 할 수 없는 짓을 서슴지 않고 하는 사람과는 남은 여생을 보내고 싶지 않았던 것이다.

다음 순간 어린 아들이 보이지 않는다는 생각이 떠오르자 다시 집 안을 뒤졌다. 잠시 뒤, 아들의 죽음마저도 확인한 빌포르는 이미 제정신이 아니었다.

"누가 나를 이 지경으로 만들고 있는 거야? 어디 내 앞에 당당히 나서 보란 말이야!"

그는 아무도 없는 집 안에 있는 힘껏 소리를 질렀다. 그러자 이에 답하기라도 하듯 한 사람이 그의 앞을 가로막고 서 있었다.

"당신은 푸조니 신부……."

"후후, 몹시 괴로운 모양이군. 자네 주변에 있는 사람이 희생되는 것은 나 역시 별로 반가운 일은 아닐세."

"무슨……."

"아 참, 내가 온 이유를 설명하지. 당신은 이제야 내게 진 빚을 갚았어."

푸조니 신부는 몸에 두르고 있던 옷을 벗어 버렸다. 그러자 몽테크리

스토 백작의 모습이 나타났다.

"아, 푸조니 신부와 백작은 같은 사람이었군."

"내 눈을 다시 한 번 잘 봐. 떠오르는 사람이 없나?"

"글쎄. 잘 모르겠는데."

"사람들이란 자신과는 관련이 없는 기억들은 머릿속에 담아 두질 않지. 좋아, 마지막 배려라고 생각하며 내가 말해 주지. 난 당신이 만들어 놓은 올가미에 걸려든 힘없는 한 마리의 새였어. 발버둥쳐도 헤어날 수 없었지. 올가미의 힘이 너무나 강하기 때문이야. 네 입장 때문에 넌 나를 어둡고 우울한 지하 감방에 무려 15년이 넘게 가두어 놓았어. 바로 그 유명한 이프 성에 말이야!"

그제야 아주 오래 전에 있었던 일이 기억나는지, 빌포르는 가만히 이름을 불러보았다.

"에, 에드몽 당테스!"

"이제야 기억이 나시는 모양이군. 넌 평범한 선원의 행복을 송두리째 빼앗아가 버리고 양심의 조그만 거리낌도 없이 살아왔지."

"아아아아……."

빌포르는 재판에서 무언지 모를 힘이 서서히 자신에게 뻗쳐 오고 있다고 느꼈는데, 비로소 그게 무엇이었는지 두 눈으로 똑똑히 확인을 할 수 있었다.

몰세르 백작과 마찬가지로 자신의 지위와 명성, 게다가 가족마저 잃은 빌포르는 더 이상 현실을 견뎌 내기 힘들었다.

'아니야, 난 지금 꿈을 꾸고 있는 건지도 몰라.'

현실을 부정하려는 그는 미치지 않고는 견딜 수가 없었다. 그는 온몸을 덜덜 떨면서 소리쳤다.

"이봐, 어서 아이를 숨겨. 뭐 하고 있어 빨리빨리 하지 않고."

손을 이리저리 뻗으면서 허공에 손짓을 하는 그의 눈은 이미 풀린 상태였다.

'이제 한 놈 남았군.'

백작은 빌포르에 대한 복수도 이것으로 됐다고 생각하면서 그를 바라보았지만 마음 한 구석은 왠지 좋지 않았다.

'왜 복수를 하면 할수록 점점 더 힘들어지는지 모르겠어. 저들이 내 눈앞에서 쓰러져가는 모습을 보면 만족할 줄 알았는데 그렇지가 않아…….'

우울한 마음을 달래며 백작은 집으로 돌아가 파리를 떠날 결심을 했다. 다음 날, 백작의 마차는 어딘가를 향해 달리고 있었다.

용 서

막시밀리안의 집을 찾은 그는 무언가 이야기를 나눈 뒤, 그와 함께 마르세유로 향했다. 잠시 그 곳에서 회상에 잠기고 있으려니, 눈에 띄는 청년이 있었다.

막 아프리카로 떠나려는 배를 타고 한 여인을 향해 열심히 손을 흔드는 그는 다름 아닌 알베르였다.

"백작님, 저기 보이는 저 사람은 알베르 같은데요?"

"나도 보았네."

잠시 후, 막시밀리안이 오랜만에 모렐 상회의 사람들을 만나러 간 사이 백작은 알베르를 향해 손을 흔들던 여인의 곁으로 다가갔다.

"메르세데스, 알베르는 훌륭한 청년이니 잘해 낼 것이오."

"아, 백작님이시로군요. 제 아들이 오늘 군대에 자원을 해서 아프리카로 떠납니다."

"알고 있소. 혹시 내가 도울 일이 있다면 말해 주시오."

"아녜요. 전 지금 행복하답니다. 아무것도 남아 있지 않은 지금이 오히려 마음이 가볍고 제자리를 찾은 것 같아서……."

백작은 더 이상 아무 말도 못하고 가벼운 인사를 한 뒤 메르세데스와 헤어졌다.

한편, 베네딕토의 일로 신용이 엉망이 되어 버린 당그라르는 아무도 모르게 파리를 떠나 로마에 도착했다.

'흠, 딸도 어디론가 떠나 버리고 아내는 처음부터 내게 관심도 없었어. 게다가 내 사업도 점점 어려워지니 굳이 파리에 남아 있을 필요가 없지.'

그는 톰슨 상회로 가 어음을 5백만 프랑의 현금으로 찾았다.

'이걸로 베니스로 가서 자리를 잡는 거야. 난 다시 일어설 수 있어.'

로마에서 대강 볼일을 끝낸 당그라르는 새로운 곳에서의 일을 봐 줄 안내인과 함께 마차에 올랐다. 맑았던 날씨가 점점 흐려져갔다.

"마부에게 좀더 속력을 내라고 하시오."

역에 도착할 때까지 그는 잠시 눈을 붙였다. 그렇게 달리기를 몇 시간이 흘렀을까. 어렴풋이 눈을 뜬 그는 밖을 내다보았다.

"앗!"

자신이 타고 가는 마차 주변으로 말을 탄 험상궂은 사나이들이 떼로 몰려 있었다. 마부는 그 사나이들이 시키는 대로 마차를 몰고 있는 것 같았다.

"이봐! 이게 어떻게 된 일이야?"

당그라르는 안내인을 붙잡고 물었다.

"조용히 하시오!"

그러고 보니 안내인 역시 저들과 한패였다.

'이런, 내가 이 놈들에게 깜빡 속았군. 이 놈들은 언젠가 알베르가 붙잡힌 적이 있다는 로마의 산적놈들이로군.'

잠시 후, 마차가 멈추어 서자 당그라르의 곁으로 몇 놈이 달려들어 눈을 가렸다. 끌려가는 그는 냄새로 그 곳이 지하 동굴이라는 것을 알 수 있었다.

"여기 이 놈입니다."

"수고했어. 귀하신 분을 방으로 안내해 주게."

두목인 듯한 사나이의 목소리가 들려왔다. 당그라르는 곧 폭신한 잠자리가 있는 곳으로 안내되어 눈가리개도 풀렸다.

불안한 마음을 가눌 길이 없었지만, 그는 파리를 떠난 뒤 몸과 마음이 지쳐 있었던 터라 자리에 눕자 금세 잠이 들었다. 다음 날 날이 밝자 눈을 뜬 그는 밖에서 보초를 서고 있던 사나이를 불렀다.

"이봐! 아침은 주는 건가?"

"당연하죠. 잠시 기다리십시오."

잠시 후, 먹음직한 닭요리와 함께 부두목쯤 되어 보이는 사람이 함께 나타났다. 막 음식을 먹으려는 찰나였다.

"호, 몹시 배가 고프셨군. 하지만 이 곳에서는 공짜로 먹을 수 없답니다. 음식값을 내셔야 합니다."

"알겠소. 얼마면 되오?"

"부자 양반에게는 푼돈이지요. 10만 프랑만 주십시오."

"뭐, 뭐라고? 닭 한 마리에 10만 프랑이라고?"

당그라르는 너무 놀라 입을 다물지 못했다.

"흠, 아직 배가 덜 고픈 모양이로군. 그럼 돈을 내고 먹고 싶을 때 다시 부르시오. 기꺼이 다시 차려다 드리지요."

부두목은 가져온 닭요리를 다시 가지고 나갔다. 당그라르는 몹시 배가 고픈 상태가 아니라 참아보기로 했다. 하루를 그렇게 보내고 다음 날이 되자 그는 더 이상 배고픔을 참기가 힘들었다.

"여보시오! 나 좀 봅시다."

"불렀소?"

"부탁이오. 빵 한 조각만 가져다 주시오."

곧 한 접시에 빵이 담겨져 나왔다. 그전에는 그다지 즐겨 먹지 않았는데, 지금 그의 눈에는 어떤 다른 음식보다도 먹음직해 보였다.

"고맙소. 이것의 가격은 얼마요?"

빵 한 조각이니 얼마 되지 않으리라고 생각하고 이렇게 물었다.

"10만 프랑만 내시오."

"아니, 이 빵 한 조각 역시 10만 프랑이라고?"

"여기서는 우유 한 잔, 물 한 잔도 그렇게 받습니다. 자, 음식을 드시겠소, 아니면 도로 가져갈까요?"

결국 빵은 다시 가져가고 그렇게 굶기를 이틀이 지나자 더 이상 견딜 수가 없었다.

'아이고, 이제 도저히 참을 수가 없군. 일단 10만 프랑을 주고라도 한 끼 식사를 해야겠다. 그런 뒤 이 곳 두목하고 담판을 지어야겠어.'

이 곳에서 지낸 뒤 며칠이 지나자 가지고 있던 돈은 거의 사라져 버리고 말았다. 이제 가진 돈이 없어 식사를 못하고 지낸 지 사흘째 되는 날이었다.

"아, 난 이제 여기서 굶어 죽는구나."

당그라르의 모습은 눈에 띄게 마르고 초췌해졌다. 더 이상 손가락 하나도 움직일 힘이 없어진 그는 꼼짝 않고 누워 있었다. 그런 그의 귀에 웬 사나이의 목소리가 들려왔다.

"괴로운가 보지? 하지만 그것은 내가 당한 고통에 비하면 아무것도 아니지!"
"당, 당신은 누구시오?"
"두 눈을 크게 뜨고 똑똑히 보시오."
당그라르가 기운을 차리고 보니 몽테크리스토 백작이 앞에 있었다.
"백작이 어떻게 여기까지……."
"틀렸소. 난 당신이 쓴 편지 한 장으로 인해 감옥 속에서 젊은 청춘을 다 보내야 했어. 그로 인해 아버지까지 억울하게 돌아가시게 됐지. 자, 이래도 나를 모르겠단 말이냐?"
"그럼 당신이 에, 에드몽 당테스!"
"후후, 이제야 나를 알아보는군."
자신의 앞에 서 있는 사람이 에드몽이라는 것을 안 당그라르는 마치 귀신이라도 본 것처럼 겁에 질렸다.
"아니야! 그럴 리가 없어. 내가 헛것을 본 게 틀림없어. 몽테크리스토 백작이 에드몽이었다니……."
"당신에 대한 복수는 이 정도에서 끝내기로 하지. 그 동안 양복장이 카드루스, 몰세르 백작, 빌포르 검찰 총장의 순서대로 복수를 한 뒤 자네가 마지막이야. 이제 남은 세월은 하느님의 손에 맡기겠어. 나도 그만 악의 무리에서 벗어나 행복한 사람들과 지내고 싶으니까."
에드몽은 마지막 말을 마치고 뒤돌아서서 떠나 버렸다. 당그라르는 조금 전 일이 꿈을 꾼 것처럼 생각되었다. 다음 날 그는 다시 눈이 가리어진 채 냇물이 있는 곳에 내던져졌다. 그는 목을 축이기 위해 냇가로 엉금엉금 기어갔다.
"악!"
물 속에는 머리가 하얗게 센 중늙은이가 그를 바라보고 있었다.
한편, 막시밀리안은 자코포와 함께 몽테크리스토 섬을 향했다.

“저기 백작님께서 마중을 나와 계시는군.”

자코포의 말에 막시밀리안은 백작을 향해 손을 흔들어 보였다.

“오시느라 고생이 많았소.”

“그 동안 안녕하셨습니까?”

백작은 막시밀리안을 반갑게 맞으며 배에서 내리는 그의 손을 잡아 주었다. 막시밀리안은 화려하게 꾸며놓은 동굴 안으로 들어갔다.

“와, 멋있어요.”

“언젠가 자네에게 꼭 이 곳을 구경시켜 주고 싶었는데, 오늘에야 그렇게 됐군.”

백작의 안내로 여기저기를 구경하던 막시밀리안은 한 곳에 자리를 잡고 앉아 차를 마셨다.

“음, 차의 향기가 참 독특해요.”

“이 섬에서 나는 약초로 즙을 내서 만든 것이라네. 그보다 자네에게 할말이 있네.”

“제가 할 수 있는 일이라면 정성껏 도와 드릴 테니 주저하지 마시고 말씀하세요.”

“고맙네. 사실은 나를 믿고 따르는 에데를 자네 남매가 내 대신 좀 돌봐 주었으면 하는데…….”

“옛? 에데 양을…….”

그들이 나누는 대화를 조금 전부터 숨어서 듣고 있던 한 여인이 앞으로 썩 나섰다. 오늘 아침부터 왠지 백작의 표정이 전과 다르다는 것을 눈치챈 에데였다.

“백작님, 어째서 저를 멀리하려는 거죠?”

“아, 에데로군. 이미 우리 이야기를 들은 모양이군. 그렇다면 자, 이리 여기 와서 앉아요.”

두 눈에 눈물을 머금은 에데가 자리에 앉자 백작은 다정한 목소리로 설명을 했다.

"이제 에데는 자유의 몸이 되는 거야. 살고 싶은 곳에 가서 마음대로 어떤 일을 하며 살아도 좋단 말이야."

"아직도 제 마음을 모르세요? 전 백작님을 사랑하고 있어요."

백작은 에데의 고백에 깜짝 놀라 잠시 말이 없었다. 사실 백작 역시 에데를 좋아하고 있었기 때문이다. 곁에 있던 막시밀리안이 나서서 한마디 거들었다.

"백작님, 에데 양의 마음을 받아들이세요. 그리고 이제 행복한 가정을 꾸리고 사시도록 하세요."

"정말 내가 그래도 될까?"

늘 복수심에 불타 차가운 마음으로 살아온 백작은, 이미 자신에겐 사랑과 행복이 남아 있다고 생각지 않았던 것이다. 두 사람은 서로의 사랑을 확인하고 나서 날이 밝자, 막시밀리안에게 작별 인사를 한 뒤 그곳을 떠났다.

배에 오른 두 사람이 막시밀리안에게 손을 흔들며 수평선 너머로 사라질 때까지 그는 그 곳에 서 있었다.

"여기 백작님이 남기신 편지가 있습니다."

자코포는 막시밀리안에게 한 통의 편지를 건네주었다. 거기에는 동굴 안의 모든 것과 파리의 대저택, 별장 등을 에드몽 당테스가 옛 은인인 모렐 씨의 아들에게 결혼 선물로 남긴다고 적혀 있었다.

"아, 당신이 우리 집안을 구해 주었던 분이로군요."

막시밀리안은 백작이 사라져간 바다를 바라보며 편지의 마지막에 쓰여진 글귀를 다시 한 번 마음속에 새겨넣었다.

'항상 희망을 걸고 기다려라.'

작품 알아보기
(장편문학)

〈몽테크리스토 백작〉은 뒤마 특유의 웅대한 구성과 파란만장한 장면 전개, 작품 전체에 넘쳐 흐르는 정의감과 인정미가 돋보이는 소설이다.
주인공 에드몽 당테스는 19세의 젊은 나이로 선장이 되려다, 이를 시기하는 악당들의 음모로 억울한 죄를 뒤집어쓴다. 안타깝게도 그에게는 약혼녀 메르세데스가 있었고, 당테스는 곧 마르세유 앞바다 이프 섬의 감옥에 갇히게 된다.
감옥 안에서 우연히 친하게 된 늙은 죄수 파리아로부터 몽테크리스토 섬의 숨겨진 비밀과 수많은 지식을 얻게 된다.
그러던 어느 폭풍우가 몰아치는 날 밤에, 파리아의 시체와 바꿔치기해서 기적적인 탈출에 성공한 당테스는 거액의 재물을 입수한 후 몽테크리스토 백작이란 이름으로 파리 사교계에 나타난다. 이제는 제각기 출세한 옛날의 원수들, 즉 직업상 라이벌이었던 당그라르, 그의 연적으로서 메르세데스를 빼앗아 간 페르낭 및 그들 편에 서서 부정을 한 검사 빌포르 세 사람을 상대로 통쾌한 복수를 해 나간다. 이 작품은 아무리 부패하고 혼탁한 사회에서도 정의는 결코 죽지 않는다는 뒤마의 이상이 담긴 것으로 평가되고 있다.

논술 길잡이
(장편문학)

❶ 에드몽 당테스는 항해 중 죽은 선장으로부터 무엇을 부탁 받았는지, 그리고 그 부탁을 위해 어떻게 행동했는지 써 보자.

❷ 이프 성은 실제 존재하는 성으로 많은 정치범들이 수용되었던 곳이다. 이프 성에 얽힌 역사적 사실을 찾아 적어 보고, 이프 성에 대한 느낌을 써 보자.

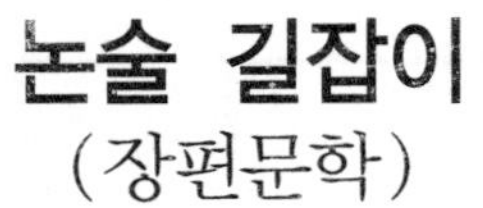

논술 길잡이
(장편문학)

❸ 다음은 에드몽 당테스의 결혼식 장면이다. 일반적인 결혼식 장면과 다른 이 장면은 무슨 상황을 이야기하고 있는지 설명하여 적어 보자.

논술 길잡이
(장편문학)

❹ 아래 내용은 몽테크리스토 백작이 복수하는 과정에 자신의 해박한 지식을 이용하는 대목이다. 이처럼 백작의 해박한 지식이 드러나는 부분을 본문에서 찾아 적어 보자.

'사실 말들이 저렇게 날뛰게 된 것은 말의 귀 뒤에 달린 방울 때문이지. 달리는 말에게 방울 소리는 말을 날뛰게 하기에 충분하지.'

논술 길잡이
(장편문학)

❺ 내가 만약 몽테크리스토 백작이었다면 어떻게 했을지 상상하여 글로 써 보자.

❻ 뒤마는 이 소설을 통해 아무리 부패하고 혼탁한 사회라 해도 정의는 결코 죽지 않는다는 것을 보여 주고 있다. 우리 사회의 부패함과 정의에 대해 생각해 보고 글로 써 보자.

논 · 술 · 세 · 계 · 대 · 표 · 문 · 학 〈전60권〉

펴 낸 이　정재상
펴 낸 곳　훈민출판사
주　　소　경기도 고양시 덕양구 원당동 416번지
대표전화　(031)962-3888
팩　　스　(031)962-9998
출판등록　제395-2003-000042호